거꾸로 가는 택시

거꾸로 가는 택시

**택시 운전석에서
세상을 바라봅니다**

김지영 지음

산지니

프롤로그
내가 선택한 마지막 직업, 택시 운전사

개인택시를 샀다. 2023년 9월이었다. 2023년 2월 택시비가 인상되고, 이틀 일하면 하루 쉬어야 하는 부제까지 해제되면서 오랜 기간 8,000만 원대였던 서울 개인택시 면허 시세가 9,000만 원을 넘기고 1억을 향해 가고 있었다. 사회적 정년인 60세를 3년 앞둔 나이였다.

계속 오를 것 같은 면허 시세 때문만은 아니었다. 그건 내게 구매 요인이 되지 못했다. 어차피 면허값은 등락은 있지만 사라지는 돈이 아니었다. 그게 1억이든 아니든 관계없었다. 내게 중요한 건 남은 인생을 함께할 택시 운전사라는 직업이었다.

마흔한 살 때 더 이상 조직(회사) 생활은 내 인생에 없다는 선언과 함께 귀농을 시작으로 여러 지역과 다양한 직업을 전전하면서, 말은 프리랜서지만 실상은 낭인 생활을 했다. 그래도 어떻게든 아이들을 먹이고 집을 건사하며 생활은 해나갔는데, 노후보장의 꽃인 연금까지 활짝 피워 올리는 건 역부족이었다.

그래서만은 아니었다. 아내는 100만 원도 안 되는 연금으로 살아갈 노년에 대해 걱정이 태산이었지만 나는 노동하는 삶을 멈출 생각이 없었기에 그런 걱정은 없었다. 설사 연금이 넉넉해도 나는 그것만 받아먹으면서 살 생각은 꿈에도 없었다.

오래전부터 내가 꿈꾸던 60세 이후 인생은 읽고 쓰고 노동하는 삶이었다. 돈은 단순하게 벌고 공부와 성찰을 멈추지 않는 삶. 그래서 더욱 나이 들어서까지 내 노동을 근로계약서 안에 욱여넣고 싶지 않았다. 노년의 노동까지 자유의지를 빼앗길 순 없었다.

그런 의미에서 개인택시는 내게 최선의 선택이었다. 게다가 비교적 적은 돈을 투자해서 자본론에서 말하는 생산수단까지 소유했으니 내 의지와 무관하게 나는 느닷없는 부르주아 택시 운전사가 되었다.

3개월 만에 그만둔 첫 택시 기사 생활

택시 운전사가 내게 뜬금없는 직업은 아니었다. 택

시 운전은 20대부터 시차를 두고 몇 번에 걸쳐 내 인생의 마디를 만들어냈다.

그 처음은 스물일곱, 푸르고 푸르던 시절이었다. 하지만 푸르러야 할 그 시절 집안은 지독한 가난에 시달리고 있었고 나는 이른바 86세대 운동권 학생으로 경찰에 쫓기며 휴학과 복학을 반복하다 졸업도 하지 못하고 군에 갔다 온 직후였다.

1992년이었다. 이미 같은 학번 동기와 후배들까지 학생운동을 졸업하고 노동 현장에 위장취업해서 활동하고 있었다. 나는 일찍부터 투쟁 현장에 섰던 경력으로 대중운동가로 진로가 정해졌고, 시민단체 활동가가 되었다.

상근비라야 고작 몇만 원이던 시절 가난한 집안 살림까지 보태야 했던 당시 택시회사 문을 두드린 건 대중운동가가 아닌 운수노동자로의 삶에 대한 적합성과 가능성까지 염두에 둔 결정이었다. 생산직으로 위장취업해서 노조설립을 주도하는 불순분자들에 대한 검거 소식이 9시 저녁 뉴스에 오르내리던 시절, 조금은 불안한 마음으로 최종학력란에 고등학교 졸업을 써서 이력서를 냈다.

면접이랄 것도 없이 와보라는 연락을 받고 도착한

회사에서 50대로 보이는 배차 전담 상무란 사람이 대뜸 반말로 내일 오전에 한번 나와 보라고 했다. '나와 보라'는 말의 의미는 다음 날 출근해서 깨닫게 되었다.

말하자면 나는 취업에 성공은 했지만 정식 택시 기사가 아니라 출근하지 않은 택시 기사를 대신하는 '스페어 기사'가 되어 있었다. 그러니까 스페어 기사가 많은데 출근하지 않은 택시 기사가 적으면 출근했다가 빈손으로 다시 돌아가야 하는 신세였다.

사회생활이 거의 처음이라 나는 고분고분 성실하게 일을 했고 상무는 꼬박꼬박 군말 없이 사납금을 채워 주는 나를 기특하게 생각했는지 다른 사람보다 배차를 먼저 해 주었다. 배차의 원리는 어떤 기준이나 매뉴얼이 아니라 상무의 재량이었다.

그때도 택시에 대한 사회적 시선은 지금처럼 그리 좋은 게 아니었다. 밑바닥, 막장 등의 단어가 아무렇게나 쓰이던 직업 중 하나였다. 물론 여기에는 당시 일부 택시 종사자들의 행태도 단단하게 한몫하고 있었다.

지금도 선명한 기억 하나는 한겨울 새벽 일을 마치고 돌아온 회사 차고 구석진 곳에 드럼통 난로와 카바이드 불을 밝히고 멍석 위에 둘러앉아 화투장을 돌리던 기사들의 모습이다. 매일 현금으로 받은 수입을 놓고 벌이는 도박판이었다.

내 첫 택시 기사 생활은 3개월 만에 종말을 맞았는데, 두 건의 연이은 교통사고 때문이었다. 한 번은 사거리에서의 신호위반, 다른 한 번은 브레이크 고장으로 앞차를 들이받은 일이다. 회사 정비부장은 브레이크가 말을 듣지 않았다는 내게 '그럼 내가 정비를 잘못했단 말이냐'며 쌍욕을 퍼부었다. 그때 내가 몰던 택시가 지금은 전설이 된 '포니투'였다.

사납금도 채우기 어려운 구조의 법인택시 현장에 절망하고 열두 시간 맞교대의 강도 높은 노동에 시달리며 금쪽같은 하루를 운전과 잠으로만 등분하는 삶에 좌절하고 있던 차였다. 스물일곱의 나는 아직 하고 싶은 일도, 해야 할 사회적 과업도 미치도록 많았기에 스페어 딱지를 떼지 못한 채 택시 기사를 그만두었다. 그렇게 운수노동자로서의 삶은 종지부를 찍은 줄 알았다.

과로가 필수였던 법인택시 운전

시간이 흐르고 흘러 40대 중반, 제주도에 살 때였다. 20여 년의 세월 동안 나는 결혼해서 아들을 낳았고 고향을 떠나 서울에 살며 평범한 회사원으로 30대를 보낸 후 40대가 되자 이른 귀농을 했다. 그곳에서 딸을 입양하고 4년이 지나는 시점에 나와 맞지 않은 농사를 접고 제주도로 흘러들었다.

아내는 펜션을 운영하고 나는 목수 일을 했다. 그러던 어느 날, 겨울은 시작되었고 일거리는 떨어지는 중이었다. 개인택시를 하는 지인으로부터 제주에서 법인택시를 해도 목수 일당은 벌 수 있을 거라는 말을 들었다.

마침 한겨울 제주 바람이 뼛속까지 파고드는 새벽 현장에서 부들거리던 생생한 기억에 겨울만 버티자는 생각으로 냉큼 택시 자격증을 따서 택시회사에 들어갔다. 짧았지만 강렬했던 20대의 법인택시 경험은 20년이 지났어도 며칠 만에 나를 능숙한 택시 운전사로 변모시켰다. 몸으로 익힌 건 금방 되살아났다. 2015년이었다.

1992년과 2015년 사이 법인택시 환경은 낡고 도태된 채로 변해 있었다. 택시 기사는 줄어들었고 택시는 남아돌았다. 낡고 남루해진 회사 건물에 온기는 사라지고 썰렁한 사무실엔 빈 책상과 함께 습기가 감돌았다. 스페어 기사라는 단어는 옛것이 되었고 내게 차 한 대가 바로 지정되었다.

열두 시간 맞교대도 아니었다. 차를 한 대 줄 테니 알아서 운행하고 1주일에 두 번 회사를 방문해서 사납금만 맞추라고 했다. 시작할 때부터 겨울만 날 생각을 했기 때문에 나는 열심히 일했다. 일을 그만두기까지 내 하루 일과표는 정확하게 운전과 잠, 두 가지로만 구성될 정도였다.

오죽하면 한 달이 지나자 상무가 나를 회사로 불렀다. 지금도 택시에는 유류 보조금이 지급되는데, 넣은 만큼의 20~25% 정도가 환급된다. 많이 넣으면 많이 받고 적게 넣으면 적게 받기 때문에 지정된 가스충전소에서 순위가 확인되고 택시는 달린 만큼이 매출이기 때문에 그 순위는 바로 매출 순위가 된다.

나를 부른 상무가 대뜸 말했다.

"김 기사. 이번 달 유류 보조금 액수로 제주도에서 넘버 투야. 열심히 하는 건 좋은데 당신 이렇게 1년 하면 죽어요."

걱정돼서 하는 말이었다. 택시업계에서 오래 일하면서 그렇게 일하다 죽은 사람을 많이 봤다는 말을 덧붙였다. 하지만 나는 겨울만 날 생각으로 시작했기 때문에 1년까지 하다 죽을 일은 없었다. 그렇게 겨울을 나고 봄까지 5개월을 일하고 그만두었다.

죽음을 경고받을 만큼 열심히 일해 받은 돈이라야 대기업 초임에도 미치지 못했다. 법인택시를 운전해서 먹고살려면 과로가 필수인 셈이다. 대단한 수준도 아니고 그저 먹고사는데도 그렇다.

택시는 시대를 반영한다

2022년 서울로 무대가 바뀐다. 제주에서 7년을 살다 정착할 생각으로 고향에 짐을 풀었는데, 1년 만에 다시 짐을 싸서 서울로 올라와야 했다. 국회에서 발의 직전 공개된 법 하나가 문제였는데, 이전부터 관련된 글을 써오고 책을 냈던 내게 관련 단체에서 도움을 요청했다.

회사원을 그만두고 서울을 떠난 지 12년 만에 시민단체 활동가로 다시 돌아왔다. 서울은 변함없이 사람들로 북적였고 집값은 터무니없이 비쌌다. 대학 졸업을 앞둔 아들과 고등학생이 된 딸아이 밑으로 들어가는 돈과 생활비도 만만찮았다.

활동비로는 적지 않은 돈을 받았고 아내가 맞벌이해서 아이들 키우고 생활은 하겠는데 문제는 곧 닥칠 노후였다. 조금이라도 아내를 안심시킬 생각으로 투잡을 시작했고 그 일이 하필이면 이번에도 택시였다. 다만 차이라면 서울에만 있는, 호출앱으로 운행하는 대형택시회사였다.

주말이나 심야에 시간제로 할 수 있는 일이었고 다른 일에 비해 보수도 좋았다. 이른바 플랫폼택시인데 일반 법인택시와는 또 다른 환경이었다. 말하자면 택시업계의 스타트업이었다. 기존 택시 문법을 벗어난 새로운 택시 문화를 만들려는 노력이 내 눈에도 보였다.

2022년 봄에 시작해서 2023년 여름까지 1년 6개월간 투잡을 하다 그해 9월에 개인택시를 샀다. 그전 1년 동안 개인택시 자격증을 얻기 위해 치열한 양수교육* 예약에 성공하고 8개월을 기다려 경북 상주로 갔다. 그리고 1주일 교육을 수료한 후에 서울시에서 별도로 하는 이틀짜리 교육까지 받은 후였다.

대형택시로 투잡을 하는 동안은 국회의원실에서 주로 일하던 시기와 겹쳤는데, 오전에는 국회에서 키보드를 두들기고 오후에는 택시 운전대를 잡으면서 극한의 직업환경을 오가기도 했다.

---

* 개인택시를 양수하기 위해 받아야 할 교육. 한국교통안전공단에서 2021년부터 시행. 이전 자격요건 중 법인택시 3년 무사고 운전경력이 사라지면서 생긴 제도로 차종과 관계없이 일반운전면허로 5년 무사고인 사람도 받을 수 있게 되었다.

스물일곱에서 쉰일곱까지, 법인택시에서 플랫폼택시와 개인택시 운전사가 되기까지 1평짜리 택시 안에서 겪은 자잘한 사건들은 곧 시대를 반영한다. 택시 승객이 당연하게 먼저 앉는 좌석이 앞자리에서 뒷자리로 바뀌었고 택시를 타면 10분 안에 서로의 족보까지 알게 되던 대화가 사라지고 침묵이 상식이 되었다. 택시를 타려면 큰길로 나가던 사람들이 골목 집 앞에서 기다리게 되었고 서울역 길게 늘어선 빈 택시 앞에서 어떤 젊은이는 스마트폰 호출앱에 로그인한다. 대리운전과 배달일로 법인택시 기사는 줄어드는데 오전 근무로 채우기 벅찬 사납금 구조는 30년 동안 변함없다.

자율주행시대가 멀지 않았어도 개인택시 면허값은 오르고, 30년 전 900원이던 택시비가 4,800원이 되었어도 법인택시 기사의 가정경제는 나아지지 않았다. 30년 전 택시 안에서 너나없이 피우던 담배가 불법이 되었어도 어떤 택시 기사는 손님 없는 차 안에서 담배를 피우고 어떤 손님은 기사 몰래 차창 밖으로 전자담배 연기를 내뿜는다.

빈 택시가 길에서 손 드는 사람을 그냥 지나치고 호출로 부른 택시를 기다리던 손님은 눈에 띈 빈 택시를 타고는 떠나버린다. 그때나 이때나 뉴스에선 이유 없이 폭행당하는 택시 기사 소식을 전하고, 스마트폰을 빌린 사이 택시 기사의 돈을 빼돌린 신종 수법을 경고해 준다. 택시는 시대를 반영한다.

아이들 크면 고향에 내려가 살고 싶었다. 하지만 아내는 친정 식구들이 즐비한 서울을 이젠 포기하지 않겠다고 선언했고 아이들은 절대로 서울을 떠나지 않겠다고 내게 통보했다. 굳이 그렇게까지 고향에 내려가 독거노인으로 살 생각까지 없었던 나는 가족들과 함께 서울에 남기로 했다.

그리고 나는 택시 운전사가 되었다.

차례

프롤로그: 내가 선택한 마지막 직업, 택시 운전사   5

1장: 나이 60을 앞두고 운전대를 다시 잡다

어머니께 내 직업을 말하지 못했다   21
빈 택시들이 손님을 태우지 않는 이유   29
고객님, 오늘도 때리고 기억 안 난다고 하실 건가요?   38
택시 운전사는 시간과 사람을 견뎌야 한다   48
현장에서 마주한 차별   57
육지 사람의 제주 택시 운전사 생활   66
사라지지 않는 사납금제   75
운전자 폭행의 희생자가 되다   85
'은퇴 없는 일자리'의 이면   96
은퇴 후 개인택시를 고민하는 분들께   107

2장: 택시 운전석에서 목격한 세상

강남에서만 보이는 것들	119
택시 안에서 생각하는 우리 사회의 부조리	129
'택시' 하면 떠오르는 편견	139
룸살롱 다녀온 손님의 말	149
품위 있어 보이는 노부인의 반전	159
손님에게 느낀 모멸감	170
경찰 전화 받은 10대 승객을 태우다	181
운전하며 만난 손님의 문신	195
암병동 손님들의 목적지는	206
기독교인들이 남몰래 하는 일	218
12월 3일 밤, 여의도에서 목격한 놀라운 광경	230
에필로그: 더 이상 은퇴 후의 삶을 걱정하지 않는 이유	243

1장
나이 60을 앞두고 운전대를 다시 잡다

어머니께 내 직업을
말하지 못했다

1931년생 아버지는 50세 되던 해 몇 년의 투병 끝에 암으로 돌아가셨다. 1934년생 어머니는 당시 47살이었고 대학원생부터 초등학생까지 줄줄이 다섯 아들과 홀로 투병 생활을 견디느라 진 빚이 잔뜩이었다.

아버지가 어머니에게 남긴 유언은 혼자 어렵겠지만 아들들 대학까지는 꼭 마치게 해달라는 부탁이었다. 아버지의 최종학력은 고졸이었다. 그마저도 농사나 지을 일이지 당장 써먹을 데 없는 공부는 왜 하느냐며 가방을 길바닥에 패대기치고 교과서는 아궁이에 던져버리는 할아버지를 피해 혼자 시내로 나와 학비를 스스로 벌고 고학을 하면서 받은 졸업장이었다.

아버지가 어머니에게 남긴 마지막 말의 대가는 어머니에게는 가혹했다. 지방 언론사 간부를 지낸 아버지

덕에 젊은 시절부터 사모님 소리를 들으며 곗방이나 다니던 어머니에게 다섯 아들을 먹이고 입히고 학교까지 보낸다는 건 거의 불가능에 가까운 과업이었다. 게다가 집마저도 아버지 투병 빚으로 사라진 후였다.

그러나 어머니의 공부에 대한 역사는 아버지와 비슷했다. 부잣집 큰딸로 남부러움 없이 자랐지만 무학자인 외할아버지가 중학교 진학을 막아서면서 가로막힌 공부에 대한 원망과 상처가 평생 아물지 않은 어머니였다.

초등학교 선생님들이 집까지 찾아와 종순이는 공부를 해야 할 아이라며 외할아버지 결심을 돌리려 했지만 자잘한 집안일을 알아서 처리하는 영민한 큰딸을 옆에 두고 싶었던 외할아버지는 끝내 중학교 진학을 허락하지 않았다.

아버지와 어머니에게 자식들 공부는 자신들이 이루지 못한 꿈이었고 대학 졸업장은 그 표상이었다. 어머니는 다섯 아들 중에 애초부터 공부와는 담을 쌓은 아들 하나를 빼고는 모두 대학 졸업장을 받게 만들었다.

1985년 대학에 입학한 이후 줄곧 학생운동만 하다 졸업도 못하고 군에 갔다 와서 졸업장 따위 의미 없다며 복학을 미루고 있었다. 그때 내 손을 간곡하게 붙잡고 어머니가 했던 말이 아버지의 유언이었다. 나는 대학 입학 10년 만에 가을학기 졸업장을 받아 어머니에게 드렸다.

그런 어머니를 가까이서 지켜본 사람들은 불가능한 일을 해냈다고 혀를 내두르며 칭찬을 아끼지 않았다. 하지만 어머니가 불가능에 가까운 일을 해낸 대부분의 시간은 여자 혼자 감당하기 어려운 가혹했던 노동으로 채워졌다.

내 나이 사십 언저리가 되어서야 어머니가 내게 실토를 했다. 어머니는 화장품 외판원부터 식당 일에 파출부까지 돈이 되는 일이라면 종류를 가리지 않았다. 한번은 일당이 세다는 '노가다'를 하기 위해 무작정 건설 현장을 찾았다가 반나절 만에 소장이 주는 하루치 일당을 받고 쫓겨난 일도 있었다.

남자도 하기 어려운 생면부지의 '노가다' 현장을 여자 몸으로 찾아가 일을 부탁하고 어설픈 삽질을 하다 쫓겨나는 어머니의 모습이 지금 내 가슴 한쪽에 아프게 새겨져 있다.

개인택시 운전사의 노동

개인택시 면허를 내게 양도한 사람은 1951년생이었

다. 면허는 1981년에 발급되었다. 그의 나이 서른한 살 때다. 당시 개인면허 자격이 지금처럼 법인택시 무사고 경력 3년 이상이었다면 20대부터 그는 택시 운전을 했다.

　서류상 흔적만으로도 그의 평생 직업은 택시 운전이었다. 한창 푸르렀을 20대부터 시작한 법인택시 운전으로 성실하게 일한 그는 서른이라는 이른 나이에 당시 대기업 직원보다 더 벌이가 좋다는 개인택시 운전사가 되었다.

　내게 면허를 양도했던 지난 9월 이전까지 50여 년간 그는 서울과 전국을 택시로 누비며 아이들을 먹이고, 입히고, 가족을 지키고 집을 늘렸을 것이다. 편견 어린 시선으로 택시 운전사가 어느 순간 우리 사회의 가장 밑바닥 직업이 되면서 선망이 절망으로 바뀌는 순간도 그는 함께했을 것이다.

　온갖 군상의 사람들을 태우고 보내면서 그가 겪었을 고초도 눈에 선하다. 하지만 그가 50여 년 개인택시 운전사의 보편적 삶에서 벗어나지 않았다면 그와 그의 가족은 이제 내게 넘겨진 번호를 달고 달린 택시 덕분에 지금 살고 있는 삶이 가능했다.

　그의 한결같은 노동이 택시 운전대를 잡은 20대부

터 운전대를 놓은 70대까지 그 면허를 살아 있게 만들었다. 마지막 10년 정도는 어쩌면 손주들 용돈 버는 재미로 운전했기를, 그만큼 순전했던 노동이었기를.

어머니의 노동

다섯 아들 중에 공부를 가장 잘했던 큰형님은 수재면서 세상 둘도 없는 효자다. 대학원을 마치고 더 하고 싶은 공부를 포기한 채 취업을 선택한 이유도 몰락한 가정사가 한몫했다. 회사에 들어간 첫 달부터 은퇴한 지금까지 큰형님은 어머니에게 매달 주는 생활비를 단 한 달이라도 건너뛴 적이 없다.

지방 중소기업 최고경영자로 예순일곱에 은퇴한 형님 덕에 어머니의 말년은 부족함이 없다. 어머니는 오래전부터 노동하지 않아도 되는 삶을 살 수 있었다. 하지만 70대 나이에도 건물 화장실 청소를 하며 노동을 그만두지 않았던 어머니가 은근하게 형님 몰래 노인 일자리 사업으로 하던 도시락 배달까지 완전히 그만둔 건 불과 4~5년 전이다. 그때 어머니는 80대 중반을 넘어가고 있었다.

어머니는 매달 받은 20여만 원 되는 돈을 한 푼도 쓰지 않고 통장에 따로 모았다가 손주들 대학 등록금으로 200만 원씩 순서대로 내놓았다. 여든이 훌쩍 넘은 할머니의 노동으로 1년을 모은 돈이 제 첫 등록금이었다는 사실을 내 아들은 잊지 못한다.

남편을 잃은 40대부터 자식들이 자리를 잡기 시작했던 60대 후반까지 자식들을 지키기 위해 어머니가 고통스럽게 쏟았던 땀과 눈물을 나는 감히 계량할 수 없다. 어머니의 노동으로 지금 내 삶이 가능했다.

육십을 목전에 둔 나는 어머니가 해낸 노동의 가치가 무엇이었는지를 어렴풋이나마 겨우 알아가는 중이다. 하지만 손주들 첫 대학 등록금까지도 자신의 순전한 노동으로 기여하고 싶었던 여든다섯 어머니의 그 깊은 마음까지는 도무지 닿지 못한다.

자식들 입히고 먹이고 키워내느라 어떤 노동도 마다하지 않았던 간절하고 혹독했던 시절을 어머니는 고통스럽게 기억하지만 원망하지 않는다. 그 기억들 대부분도 자식들을 마음껏 해주지 못한 미안함으로 가득 채우고 있을 뿐이다.

하지만 지금 누리는 말년의 행복을 내게 환한 표정으로 보여주며 어머니는 마지막에 행복한 삶이 결국은 다 행복한 거라며 과거의 고통을 웃어넘긴다.

고향의 작은 아파트에 혼자 살며 아침밥을 지어 먹

고 산책을 하고 이웃들과 10원짜리 화투를 치며 즐거운 시간을 보낸 후 다시 저녁밥을 지어 먹고 일찍 잠에 드는 어머니는 지금 이 순간이 너무 감사하고 행복한 시절이라고 전화기 너머 씩씩한 목소리로 전한다.

택시 운전사가 된 내 노동

내가 제주에 살 때 시작한 형틀 목수 일을 7년 만에 그만두고 서울로 불려 올라와 팔자에 없는 사무직으로 일하고 있을 무렵 어머니는 비로소 내게 이제 안심이라는 듯 고백했다. 어딘가를 지나다가 건설 현장에서 못 주머니를 차고 이리저리 뛰어다니며 무거운 자재를 들고 건물을 오르내리는 목수들을 볼 때면 그 자리에 망연하게 서서 같은 처지의 아들 생각에 눈물까지 나더라고 했다.

목수로 일한 7년 동안 어머니는 오래전 품에서 놓은 아들을 생각하며 말없이 속을 끓였다. 그 노동이 내 아이들을 먹이고 키워냈다는 사실을 모르는 어머니가 아니었다. 본인이 겪었던 노동과 자식이 하는 노동이 어디를 향하고 있는지를 어머니는 정확하게 알고 있었다.

나는 회사원보다는 훨씬 자유롭고 건강한 목수 일

을 즐거워하고 있었지만 그런 말도 소용없이 어머니에게는 아들의 짠한 노동만 눈에 선할 뿐이었다.

어머니의 노동과 택시 운전사가 된 지금의 내 노동은 그것이 빚어내는 결과와 무관하게 등가되지 못한다. 어머니는 그 세대로는 보기 드문 열린 생각을 가진 노인이지만 결국 자식이 하는 노동은 그 수고로움만이 오로지 자신에게 전이된다.

그런 어머니에게 나는 택시 운전을 시작하고 두 달이 지나서야 그 사실을 말씀드렸다. 어머니는 담담한 표정으로 내 말을 받았지만 그 표정 뒤에 숨은 걱정까지 지울 수는 없었다. 나 또한 내 자식들의 노동을 그런 시선으로 바라볼 게 틀림없다는 걸 알고 있다. 부모에게 자식은 그런 존재다.

2023년 8월 어머니는 자식들이 주는 구순 생일상을 환하게 받았다.

빈 택시들이
손님을 태우지 않는 이유

　택시를 타기 위해 큰 길가에 서서 빨간 빈차등을 켠 택시를 기다려보지만 먼저는 그런 택시가 쉽게 보이지 않고 가끔 보여도 그냥 지나쳐 버린다. 분명 빈차등이 켜져 있었고 택시 기사와 시선도 마주쳤는데 그냥 지나쳐버린 이유가 납득되지 않는다. 택시 잡기 더럽게 어렵다는 푸념이 절로 나온다.

　한낮 서울역 택시 승강장에 빈 택시가 긴 줄로 서 있다. 젊은 여성이 택시 승강장 앞에 섰지만 빈 택시에 오르지 않고 스마트폰을 보면서 누군가를 기다린다. 저 멀리서 예약등을 켠 택시가 줄지어 선 택시 차선 옆으로 달려와 여성을 태우고 가 버린다. 긴 기다림 끝에 맨 앞에 도달했던 택시 기사는 허탈하지만 이미 익숙한 듯 무덤덤한 표정이다.

길빵, 줄빵, 콜빵

'길빵'은 택시 업계에서 가장 많이 사용하는 용어다. 보통은 길을 걸으면서 담배 피우는 행위를 일컫는 은어로 사용하지만 택시 업계에서는 길에서 손 드는 사람을 태우는 영업행위를 말한다. 길빵에 버금가게 자주 사용하는 용어로는 '줄빵'이 있는데 역이나 버스터미널에 길게 줄지어 선 빈 택시를 본 사람들은 금방 이해가 될 것이다. 그게 '줄빵'이다.

업계 사람들을 만나거나 커뮤니티에 들어가면 가장 많이 언급되는 단어가 길빵과 줄빵이다. 그만큼 화젯거리라는 방증이다. 전통적으로 택시가 손님을 만날 수 있는 방법은 이 두 가지였다. 집집마다 일반 전화가 있던 시절 집에서 부르던 콜택시가 있었지만 길빵과 줄빵을 대체할 만큼은 아니었다. 일단 전화를 걸어야 하고 있는 곳과 목적지도 설명해 줘야 하며 또 배차를 기다려야 하는 번거로움 때문이었다. 시간이 여유로운 사람들이나 넉넉하게 활용하는 정도였다. 급한 사람들은 일단 큰 길 위로 나와 손을 들었다. 그게 빨랐다.

하지만 핸드폰이 스마트폰이 되는 순간 택시 업계에도 격변이 일어났다. 그 시작은 스마트모빌리티 세계가 구축되면서였다. 지금 서 있는 그곳이 어디든 손에 쥔 스마트폰 앱에 로그인하면 택시가 오는 세상이 되었다. 이른바 '콜빵'의 시대가 도래했다.

길빵과 줄빵이 위축되는 건 순식간이었다. 스마트폰 보급률과 정보통신 속도가 세계에서도 압도적으로 빠른 대한민국에서 콜빵의 시대 역시 압도적으로 빨리 찾아왔다.

택시를 타기 위해 더 이상 큰길까지 애써 나가지 않아도 된다. 골목길 집 앞에 도착한 택시를 타서는 굳이 목적지를 설명할 이유도 없고 내릴 때 요금이 얼마인지 물을 필요도 없다. 계산을 위해 카드를 꺼낼 수고를 하지 않아도 된다. 이 모든 걸 스마트폰 앱이 수렴했다.

택시를 타고 내리는 순간까지 간단한 인사말 외에 다른 말을 보탤 이유도 사라졌다. 보태야 할 말이 사라지면서 택시 안 대화도 사라졌다. 손님이 말을 걸지 않는 이상 기사는 말을 건네지 않고 늙은 기사에게 들어야 했던 '라떼'와 '꼰대'가 마구 뒤섞인 주입식 대화도 상식 밖의 무례가 되었다.

근대 이후 가장 극적인 변화

택시 기사에게도 이는 근대 이후 택시가 등장한 이래 가장 극적인 변화다. 손님을 찾기 위해 가장자리 차선을 질주하는 위험을 감수하지 않아도 된다. 목적지를 묻지 않아도 되고 요금 시비에서도 자유롭다. 앱에서 지정한 곳에 가서 태우고 앱에서 지정한 목적지에 내려주면 된다. 요금은 자동으로 결제된다.

정보통신의 혁명이 불러온 시대정신은 택시에서도 발견된다. 모든 부분에서 예측 가능성을 추구하고 주관적 선택과 자기중심적 시간 관리에 익숙한 세대가 시대 문화의 중심에 섰다. 이전 세대와 함께 살았던 불확실성의 문화는 점차 낡고 도태되는 옛것이 되었다.

과거 선착순으로 좌석을 채우다 자리가 없으면 좌석 사이 계단에 앉거나 그마저도 없으면 양쪽 벽에 빼곡하게 붙어 서서 영화 관람을 하던 풍경을 요즘 세대는 상상도 이해도 하지 못한다.

터미널에 가야지만 탑승 가능한 버스와 시간을 확인할 수 있었던 것도, 그 버스 좌석마다 담배 재떨이가 붙어 있었던 모습도 상상이 안 된다.

반면, 유명 맛집의 '시그니처' 메뉴를 맛보기 위해 몇 시간이고 '웨이팅' 하는 건 이제 흔히 볼 수 있는 거리

풍경이지만 이전 세대에게는 여전히 거북하고 불편하다. 가게 안 키오스크 앞에서의 시간이 중장년은 더디고 젊은이는 거침없다.

스마트폰과 태블릿에 익숙한 젊은 세대는 모니터 안에 있는 가상의 공간으로 현실을 능숙하게 끌어들이지만 종이와 활자에 익숙한 이전 세대는 모니터 밖에 실재하는 현실만을 능숙하게 살아갈 뿐이다.

택시를 타기 위해 집 안에서 폰을 먼저 집어드는 사람과 길에 나와 손을 드는 사람의 구분도 세대를 가른다. 자기 주도적이어야 하고 예측 가능해야 움직이는 세대의 등장은 택시문화에도 점차 확실성이 지배적 가치로 자리 잡는 과정에 있다. 이제 불확실성은 그 세계를 살았던 세대와 함께 상식에서 밀려나는 중이다.

스마트폰과 태블릿과 전기자동차의 순정모니터로 빛나는, IT가 만들어낸 택시 안 풍경도 이런 현실을 보여준다. 이제 일부 택시 기사들은 더 이상 '길빵'을 하지 않는다. 그들은 역이나 버스터미널에서 무기력하게 빈차로 줄서는 일도 없다. 오직 모니터로 접수되는 '콜'을 수행한다.

그들에게 콜손님은 택시를 하면서 직면 가능한 위험에서 회피할 수 있는 세 가지를 모두 안겨준다. 첫

째, 그가 누구인지 알 수 있다. 그가 어디에 가는지를 알 수 있고, 그가 어떻게 계산할 것인지도 예측 가능하다. 호출앱은 택시 기사에게 필요한 확실성을 모두 수렴해준다.

길에서 손을 들어 타는 손님에 대한 사전정보는 전혀 없다. 그가 누구이고 어디를 가고 어떻게 계산할지는 택시를 타야지만 알 수 있는 정보다. 익명성과 정보의 모호성에 가려진 손님을 기피하는 택시 기사들이 점점 더 많아지고 있다. 호출앱의 등장은 위험으로부터의 구원이었다.

게다가 언론과 방송에 오르내리는 택시범죄 관련 가해자의 대부분은 콜이 아닌 길손님이었다. 호출앱에 가득한 개인정보들이 빤한데 그들이 멍청이가 아닌 이상 택시를 앱으로 불러 타지 않는다.

호출앱이 승객에게도 차량과 운전자의 정보를 손에 쥐게 해주면서 늦은 밤 여성이나 동료들이 택시를 타기 전에 차 넘버를 수첩에 적거나 사진 찍는 풍경은 자연스레 사라졌다. 택시를 부르고 타고 내리는 순간까지 굳이 말을 나눌 이유도 없다.

세대 간 공존을 위하여

하지만 전자책이 영 거북하고 읽히지 않는 종이책 세대처럼 '길빵'과 '줄빵'에 기대 살아 온 십수 년 경력의 택시 기사들에게 호출앱의 등장으로 급변하는 택시문화는 이질적이고 그들이 살아온 상식에 반한다.

기사와 승객으로 잘 돌아가던 시장판에 난데없이 호출앱이라는 거간꾼이 등장했다. 처음에는 무료로 승객들을 소개해주면서 새로운 영업방식에 호감을 갖게 했던 이들이 스마트모빌리티라는 근사한 이름으로 순식간에 시장을 장악하고 중개료를 뜯어가기 시작했다.

큰길에서 태우고 큰길에서 내려주어도 영업하는 택시에 대한 예의라고 용인해주던 문화가 사라지고 좁은 골목길 안에 들어가지 않으면 별점 테러로 보복당하고 긁힌 차에 대한 보상은 없다.

순발력 빠른 스마트폰 세대에 콜을 뺏기고 제때 업그레이드가 되지 못한 프로그램은 오류로 인해 먹통이 된다. 그나마 잡은 콜도 도착 직전 손쉽게 취소당한다.

그래도 대세가 그러하니 애써 적응해보려 하지만 익숙해질 만하면 새로워지는 기기와 프로그램과 그에 맞춰 변주되는 택시문화를 따라잡기가 쉽지 않다.

호출앱을 기반으로 하는 플랫폼택시로의 변화는 택

시 기사들 사이에서도 세대에 따라 확연하게 적응도와 선호도를 가른다. 스마트폰 세대는 환호하고 폴더폰 세대는 분노한다. 단지 기기의 문제만이 아니라 기기 안에 내재된 정보와 기술의 차이가 서로 다른 이질적인 문화까지를 포함하고 있기 때문이다.

변화에는 갈등이 내재된다. 급변하는 모빌리티 플랫폼 시대, 달라진 택시문화를 둘러싼 세대 간 차이는 기사와 승객 모두 마주해야 할 현실이다. 다만 이전 문화는 그 수명이 다하기까지 배제가 아닌 존중으로, 새로운 문화는 발전적 수용으로 대체되어야 한다.

여전히 어떤 사람은 택시를 타기 위해 앱을 열지 못하고 큰길 위에 선다. 역이나 터미널에서도 앱을 켜지 않고 줄을 선 사람들이 있다. 그리고 그 사람들을 태우기 위해 길을 달리고 줄을 서는 택시 기사들이 지금 우리 곁에 있다.

2023년 12월 기준 서울 택시 기사 열 명 중 여덟 명은 60세 이상, 네 명 중 한 명은 70세 이상이었다. 그들은 스마트폰을 상상할 수 없는 시대를 살았고 나이 들어 스마트폰에 적응해야 하는 세대다.

'길빵'과 '줄빵'의 시대가 완전히 저물기에는 아직 시간이 많이 남았다. 호출앱의 등장으로 불거진 택시문화의 변화와 갈등은 세대 간 공존을 전제로 변화의 길을 모색해야 한다.

고객님, 오늘도 때리고
기억 안 난다고 하실 건가요?

    뒷자리 오른쪽에 앉았던 승객이 운전석 뒤로 가더니 벗은 등산화로 택시 기사를 무차별 폭행하기 시작했다. 술에 취했고 '겁나게 빨리 가'라는 겁박과 함께였다. 택시 기사는 귀를 심하게 다쳐 이명을 호소하고 뇌진탕 증세로 한 달째 치료 받는 중인데 폭행범은 경찰 조사에서 술에 취해서 기억나지 않는다고 진술했다. 2023년 12월 10일 강원도 춘천 동내면에서 일어난 사건이다.

    2021년 서울 영등포에서 술에 취한 40대 남자가 택시 기사를 폭행한 이유는 조수석이 뒤로 젖혀지지 않아서였다. 2022년 서울 중랑구에서 만취한 승객이 택시 기사를 폭행하고 미터기를 부숴버린 이유는 담배가 있냐는 질문에 없다고 대답했기 때문이었다. 이런 식이라면 택시 기사는 일상적으로 두들겨 맞지 않을 이유가 없다. 그리고 그건 현실이었다.

운전자 폭행 건수가 2021년 경찰청 통계로 4,259건이었다. 그해, 매일 열 명 이상의 운전자가 이유도 아닌 이유로 승객에게 두들겨 맞았고 그중 태반은 술에 취해 있었다.

이윤호 고려사이버대 경찰학과 석좌교수는 2022년 7월 22일 〈헤럴드경제〉 기사에서 "코로나19 상황이 장기화되며 좌절감이나 박탈감이 누적된 이들이 폭력을 방어하기 어려운 운전자를 만나면 폭력을 저지르기 굉장히 쉽다"라며 "술에 취한 상태라면 '방아쇠'가 당겨지기 더 쉽다"라고 해석했고, 같은 기사에서 오윤성 순천향대 경찰행정학과 교수는 "인간은 스트레스를 약자에게 풀려는 경향이 있다"라고 진단했다.

하우스 안 닭들의 폭력

스트레스 때문인지는 모르겠지만 약자를 향한 폭력 행위는 비단 인간만이 아니다. 17년 전 40대 초반 귀농했을 때 닭을 길렀다. 큰 하우스를 짓고 수백 마리 닭을 풀었다. 그 안에서 닭들은 자유롭게 그들만의 사회를 만들었다.

어느날 달걀을 주우러 들어간 하우스 안에서 시끄럽게 쫓고 쫓기는 장면을 목격했다. 반쯤 털이 벗겨지고 드러난 분홍빛 살에 벌건 피가 밴 닭 한 마리가 필사적으로 도주하고 있었고 그 뒤를 여러 마리가 뒤쫓았다. 가만히 있던 닭들도 자기 옆을 지나는 쫓기는 닭을 쪼아댔다.

하우스 안이라 도주에는 한계가 있었다. 가련한 그 닭은 가장 어둡고 좁은 곳에 기어들어 머리부터 박았다. 그러자 맹렬하게 쫓던 닭들이 몇 번 몸통을 쪼아대더니 흐지부지 흩어졌다. (닭이 머리부터 박는 걸 멍청하다고 하면 안 된다. 그건 살아남기 위한 그 세계만의 룰이다.)

처음 그 장면을 목격했을 때 가슴이 서늘해졌다. 닭의 세계도 폭력은 약하고 만만한 자를 향하는구나 싶었다. 종을 가리지 않고 약하게 태어난 생명은 어디에서나 외면받고 다수의 폭행을 견뎌야만 하는 존재라는 생각에 그 닭을 향한 연민이 마구 솟구쳤다.

다음 날 큰 하우스 옆에 작은 하우스를 짓고 인간의 마음으로 가련한 그 닭을 비정한 세계에서 떼어놓았다. 폭력이 만연했던 사회에서 보호조치 된 그 닭은 하루가 다르게 피부색이 돌아오고 살이 차올랐다. 하지만 며칠 뒤 큰 하우스 안에서는 다시 새로운 추격전이 벌어지고 있었다.

불과 며칠 사이에 죽음 직전에 이른 그 닭을 이번에도 그냥 두고 볼 수만은 없었다. 그 닭도 작은 하우스 안에서 보호받아야 할 대상이었다. 물론 그게 끝이 아니었다. 끄집어내면 또 가장 약한 닭이 다음 차례를 기다리고 있었다.

그렇게 작은 하우스 안에 열 마리 가까운 닭을 집어넣으면서 나는 비정한 사회에서 폭행에 노출된 연약한 존재들의 연대가 작은 하우스 안을 따뜻하게 데워줄 거라 생각하고 뿌듯해했다.

하지만 며칠 뒤 충격적인 장면을 보고 말았다. 그 작은 하우스 안에서 가장 약해 보이는 닭 한 마리가 집단 린치를 당하고 있었다. 큰 하우스와 달리 작은 하우스는 적치물 사이 비좁은 골목도 큰 사료통 밑 좁게 숨을 공간도 없었다. 마땅히 도망칠 데도, 머리를 박을 곳도 찾지 못한 그 닭을 서둘러 꺼냈는데 곧 죽고 말았다.

죽은 닭을 먹지 않고 비장한 마음으로 묻어 준 다음 날 나는 제 동료를 부리로 쪼아 죽인 닭들을 다시 큰 하우스 안에 던져 넣고 작은 하우스를 허물었다. 그리고 더 이상 그들의 폭력에 개입하지 않았다.

약자 향한 인간의 폭행

택시 운전사에게 가장 두려운 건 (교통) 사고가 아니라 (폭행) 사건이다. 처음 택시 운전을 만류하던 지인들이 가장 많이 했던 걱정도 주취자들의 언어폭력과 물리적인 폭행이었다. 8년 전 제주에서 택시를 몰았던 5개월 동안 직접 겪은 사건도 있었다.

친구들이 차를 세워 목적지만 말해주고 젊고 건장한 만취자를 던져 놓고 가버렸다. 지금은 동승자 없는 만취자의 탑승을 거부할 수 있지만 당시에는 그렇지 않았다. 별수 없이 목적지로 가면서 괜한 언어폭력에도 애를 먹었지만 차비 때문에 자기 아내를 불러냈다고 차를 막아서고 한판 붙자는 걸 피하느라 진땀을 뺐다.

이런저런 취객과의 볼썽사나운 사건을 여러 번 겪은 후 만취자를 피하기 위해 내가 쏟은 노력은 차마 글로 쓸 수 없을 정도로 눈물겹다. 사건은 끝나면 종결 처리되고 물리적 상처는 치료받으면 낫지만 가슴 깊이 찔린 눈에 보이지 않는 내상은 홀로 많은 시간을 지나야 치유된다.

주취자의 비이성적 행위를 이성적으로 이겨낼 방법

은 없다. 일단 피하는 게 상책인데 택시는 그런 공간을 허락하지 않는다. 마치 작은 하우스 안 궁지에 몰린 닭과 같은 존재다. 닭 세계에서 일어나는 폭력의 알고리즘을 알지 못한다. 하지만 술 먹고 분출된 스트레스를 택시 기사에게 폭력으로 퍼붓는 인간 세계의 현상은 전문가들에 의해 단박에 해석된다.

힘없는 약자이고 운전대를 잡고 있어 방어 능력이 전무한 상황 때문이다. 아무리 술에 취했어도 약자를 골라 폭력을 일삼는 가해자들의 이성적 판단은 교활하다. 폭행 범죄를 저지르면서도 물리적으로 제가 당하지 않을 순간을 정확하게 판단한다. 말하자면 술은 폭력을 정당화하는 수단일 뿐이다. 게다가 제가 저지른 악행의 순간만을 기억에서 지워주는 놀라운 효능까지 있다.

운전자 폭행을 특정범죄 가중처벌 등에 관한 법률로 5년 이하 징역이나 2,000만 원 이하의 벌금에 처하도록 특별하게 가중해도 2022년 기준 5년 동안 검거된 가해자가 1만 5,631명인데 구속은 129명으로 1%도 안 되는 처참한 구속률을 기록한다.

가중처벌법을 왜 만들었나 싶은 생각이 들 정도로 법은 피해자와 멀리 떨어져 있다. 인터넷에서 운전자 폭행을 검색하면 가해자의 형량을 최대한 낮춰주겠다는 전문 변호사들의 이름이 가장 먼저 보인다. 그만큼 법률시장에서 운전자 폭행은 돈을 쏠쏠하게 벌게 해주는 전문 분야로 자리 잡았다는 의미로 읽혀 씁쓸해졌다.

우리나라 택시 산업 구조는 야간 운전을 해야 먹고 사는 게 가능하다. 법인택시를 주간만 몰면 하루 평균 20만 원 선으로 법에서 금지한 변종 사납금을 채우기도 벅차다. 개인택시도 마찬가지다. 은퇴 후 용돈벌이가 아닌 이상 아이들 키우고 생활비 대려면 손님이 많은 야간 운행은 필수다.

매일 수많은 사람이 전국에서 술을 마신다. 그들을 실어 나르는 택시 기사들이 모인 커뮤니티에는 하룻밤 사이에도 기상천외한 사연들이 오르내린다. 손님이 내린 좌석에 소변이 흥건하고, 만취한 커플은 농도 짙은 애정 행각을 벌이며, 목적지에 도착해서는 돈 없다고 배 째라 한다. 그리고 매일 열 명 안팎의 주취자들은 택시 기사를 폭행하고 서로 다른 입으로 기억나지 않는다는 똑같은 말을 한다.

이런 택시 기사 폭행이 최근 몇 년 동안의 현상은 아니다. 택시가 생기고 사람이 타기 시작하면서부터다. 인류가 가장 경멸하는 전쟁이 인류의 존망과 함께할 운명인 것처럼 약자를 향한 인간의 폭행 역시 사회가 존재하는 한 사라지지 않는다.

교활한 인간은 뒷통수를 내보인 채 운전대를 잡은 택시 기사가 자신의 공격을 받아칠 수 없는 상태임을 알고 그 기회를 십분 활용해 폭력을 휘두른다. 그러고는 경찰 앞에서 음주로 인한 심신미약과 단기 기억상실을 호소하고, 운전자 폭행 전문 변호사를 구해 불구속 재판을 받고, 벌금이나 집행유예로 사건을 종결한다. 피해자에 대한 진심 어린 사과는 공탁금으로 대신한다.

불안하고 긴장된 마음으로

해가 지고 술 취한 사람들이 귀가하는 시간이 되면 슬슬 마음의 준비를 한다. 술을 먹었어도 대부분의 손님은 끝까지 비틀거림 없는 말과 자세로 도착지까지 가서 조용하게 내린다. 문제는 항상 일부의 거친 사람들이다. 약간의 신경전까지는 감정노동으로 감수하지만 임계점을 넘는 경우 감정을 추스르기 쉽지 않다.

택시는 나이가 많고 벌이가 형편없는 직업군으로 인식되었다. 아무나 할 수 있지만 아무나 하려 하지 않는 직업이고 '이런 거' 하지 말고 '다른 일'을 하라는 조언을 들어도 이상할 게 없는 직업이 택시 운전이다.

거리에서 방뇨하고, 손님 없는 차 안에서 버젓이 담배 피우고, 택시 특유의 퀴퀴한 냄새에, 함부로 무리하게 차 앞에 끼어들고, 대화를 강요하는 택시 기사들 스스로가 자초한 면도 있다.

사회에서 인식되는 어떤 분야의 문화라는 게 일방의 생각으로 조성되는 게 아니라 모든 관계된 것들의 총화이기 때문에 지금 택시를 바라보는 사람들의 인식을 억울해하지는 않는다.

택시 기사들은 사회적 약자라는 생각 이면에 깔린 택시에 대한 사람들의 편견을 수용하고 받아들인 후에 개선해나가야 한다. 반면 그렇기 때문에 쉽게 용인되는 택시 기사에 대한 폭언과 폭행은 그것대로 받아들일 수 없는 위법하고 불법적인 행위다.

택시가 있는 한 사라지지 않을 택시 폭행이라면 법적 책임을 강하게 물어야 한다. 무방비 상태의 택시 기사를 향한 폭행은 다른 폭행에 비해 훨씬 비겁하고 교활하기 때문이다. 그런 자들이 일관되게 기억에 없다고 말을 하는 것처럼 경찰이 오면 금방 양처럼 순한 모습으로 돌변하는 행태도 그렇다.

닭이 퍼붓던 공격을 멈춘 건 경찰 때문이 아니라 상

대 닭이 구석에 머리를 박고 피가 밴 몸통을 드러냈기 때문이다. 인간의 마음으로 연민이란 게 발동하는 것이다. 닭에게도 그게 연민인지는 모르지만 적어도 닭은 그런 것 정도는 할 줄 안다.

    요금할증과 함께 본격적으로 취객이 탑승하는 시간이다. 택시 기사는 불안하고 긴장된 마음으로 무방비한 머리와 몸통을 내보인 채 운전대를 다시 한번 꽉 쥐어 잡는다. 택시 운전사에게 매일 밤 열 시는 그런 시간이다.

택시 운전사는 시간과 사람을 견뎌야 한다

 불교에서 말하는 인생은 괴로움, 즉 고(苦)다. 성경에서 인생은 고난이라고 했다. 니체가 말하는 인생은 고통이다. 쇼펜하우어도 같은 말을 했다. 인생은 고통이다. 각자가 의미하는 고통의 속내는 다를지라도 신과 신 아닌 사람들도 한결같이 그렇게 말하니 인정할 수밖에. 그래, 인생은 고통이다.

 그럼에도 우리가 인생이라는 고통의 바다를 건너 요단강에 이를 그때까지 마구 헤엄칠 수 있는 건 짧지만 하루에도 수십 수백 번 쾌감과 즐거움을 반복적으로 우리 뇌에 선사해 주는 신경전달물질, 도파민 때문이다(라고 나는 생각한다).

 그 출처가 사랑과 우정 혹은 일의 성취나 돈 때문일 수도 있고 담배나 술 혹은 마약이나 성적 쾌락일 수도 있다. 대부분의 인간은 이 모든 걸 다 콜라보하며 살지만.

택시를 한다고 말했을 때 지인들의 대체적인 반응은 '그런 힘든 일을…'이었다. 차마 말을 잇지 못한 '…'이 의미하는 바는 각각 달라도 그들 머릿속 택시라는 단어를 채우는 뼈대는 고통이라는 명사였다. 그 명사 안에는 물리적인 노동 강도와 천한 직업으로 취급받는 사회적 시선이 내포되어 있었다.

택시 기사라는 말을 들은 상대방의 뇌가 즉각 반응해서 쏟아놓은 형용사가 결코 아름다울 리 없다는 것을 우리는 공통적으로 잘 인지하고 있다. 사람들에게 택시는 '불쾌하다'는 단어로 정의되고 있었다. 이는 내가 소비자였을 때의 정서였는데 입장이 바뀌어 공급자인 택시 운전사로 살아보니 고통의 변수가 차원이 다른 세 가지로 표징된다. 시간과 정체와 사람이 그것이다.

'기록적인 매출'을 오히려 걱정하는 동료 기사들

택시 운전은 독립노동이다. 독립된 공간에서 독립되어 일을 한다. 생리에 맞지 않는 조직 생활이 싫어 아주 오래전부터 어디든 소속되지 않은 일을 해왔는데 택시는 그런 점에는 탁월하게 내 성향에 맞는 일이다. 대신 세상 이치가, 주는 게 있으면 받는 게 있고 얻는 게 있으면 잃는 게 있는 법이다.

대신 내게 홀로 자유로울 권리를 준 개인택시라는 직업은 시간과 정체와 사람을 견뎌내야 하는 일이었다. 그 견딤의 물성을 단단하게 하는 과정이 개인택시를 사는 순간 내 삶에 부여된 과제였다.

요금을 제공할 의사가 있는, 이동이 필요한 사람들은 24시간 거리 어디에나 있다. 택시는 이 사람들을 찾아 거리를 누빈다. 법인택시 기사의 급격한 감소로 지금은 일인 일차에 탄력근무를 하는 곳이 많아졌지만 법인택시는 전통적으로 열두 시간 맞교대를 하고 개인택시는 보통 열 시간 정도 일한다.

그러니까 거의 모든 택시 기사들은 한 평 택시 안에서 열 시간 이상을 보낸다. 좁은 공간 안에서 열 시간 앉아 있는 것 자체가 강도 높은 노동인데 택시 매출은 정확하게 시간과 비례한다. 시간당 매출 한계가 너무 뻔해서 그걸 극복할 수 있는 방법은 시간을 늘리는 것 말고는 없다.

시간이 곧 돈이다 보니 자기절제가 안 되면 수면이나 휴식, 놀이와 여가시간을 줄이게 된다. 놀이와 여가는 개인 취향에 따라 취사선택의 여지가 있지만 수면과 휴식이 삶에 미치는 영향은 설명이 필요 없이 생존에 직결된다. 개인택시의 위험성 중 가장 많이 언급되는 대목이다. 연약한 인간이 눈앞에 보이는 돈을 따라 휴식과 수면 시간을 줄이는 일이 다반사로 목격되고 그러면서 몸이 망가지고 목숨까지 잃는 경우도 발생한다.

만약 누가 기록적인 매출을 올렸다면 동료 기사들은 축하에 앞서 당장 그 사람 몸 걱정부터 한다. 그 기록이 잠과 휴식을 줄이고 자기 몸을 혹사한 결과라는 걸 경험으로 알고 있기 때문이다. '무리하지 마세요'가 택시 기사들 사이에서 '안녕하세요'와 같은 흔한 인사말로 쓰이는 이유다.

거리 정체, 그리고 2할의 사람들

또한, 서울에서의 택시 운전은 정체와의 기 싸움이다. 왜 기 싸움이냐면 퇴근이 시작되는 오후 여섯 시 역삼역과 선릉역 사이에 있는 도곡동 방향 사거리 신호등에 손님을 태우고 줄을 선 경험이 있다면 금방 이해할 수 있다. 그곳에서 신호 하나 받으려고 선 빼곡한 자동차 숲에서 맥없이 기다려야 하는 30분 이상을 손님과 함께 '기 빨리지' 않는다면 대단한 내공의 소유자다.

그런데 서울에서의 문제는 이런 비슷한 정체가 하루 종일 시내 곳곳에서 예고 없이 벌어진다는 사실이다. 예고 없이 닥친 차량정체는 맥락도 없고 수습할 대책도 없다. 유일한 해결책이라곤 그저 기다리는 것이다.

한없는 기다림은 손님을 빨리 많이 태워야 하는 택시의 속성과 정확하게 대치되는 상황이다. 지루함과 무기력함이 증폭되고 얌체운전과 난폭운전의 유혹 속에 가슴속에서는 여러 가지 마음들이 쟁투를 벌인다.

정체는 지루하고 괴롭고 고통스럽다. 내겐 이보다 정체에 맞서 내가 할 수 있는 게 아무것도 없다는 무기력함이 가장 견디기 어려운 마음이다. 어떤 발버둥을 쳐도 소용없다는 사실 앞에 좌절하고 포기한다. 택시운전사는 운명적으로 그걸 수용해야 한다.

서울에서 운명적으로 맞닥뜨려야 하는 거리 정체를 대하는 택시 기사들의 유형은 크게 둘로 갈린다. 가급적 정체를 피하거나 정면으로 부딪히거나이다. 성격이 무던한 사람들은 정체의 시간을 담담하게 헤쳐나가는 반면 나처럼 무기력함을 견디지 못하는 비수용적 성향의 사람들은 정체가 일상적인 시간대를 적극 회피한다.

개인택시는 보통 열 시간에서 열두 시간 정도의 노동 시간을 각자의 건강과 성향에 따라 스스로 정한다. 크게는 오전반과 오후반이 있다. 만국의 노동자와 같이 아홉 시 출근 여섯 시 퇴근하는 정규반이 있고 늦은 오후부터 심야시간까지 이어지는 야간반이 있다. 노동시간을 여러 개로 쪼개는 사람도 있고 휴식시간 없이 쭉 일하고 시간이 되면 칼퇴근하는 사람이 있는 반면 시간이 아닌 매출에 맞춰 일하는 사람도 있다.

천차만별인 노동시간은 매출과 함께 전적으로 택시가 주는 고통을 대하는 택시 기사의 자세에 기인한다. 시간과 정체와 더불어 또 한 가지는 사람이다. 사람은 곧 관계다. 관계는 사람이라면 예외없이 평생 안고 가는 가장 큰 숙제이자 딜레마다. 사람을 태워야 돈을 버는 택시도 예외는 아니다. 다만 택시가 관계에서 가지는 강점은 휘발성이 매우 강하다는 것이다.

택시가 하루에 태우고 보내는 사람은 대략 15명에서 25명 사이이다. 이 중 6할은 소리 없이 타고 내리는 사람이고 2할은 유쾌하고 밝게 타고 내리는 사람인데 문제는 남은 2할의 사람들이다. 이들은 대체로 말을 함부로 하거나, 자기 말만 하거나 상식을 벗어난 이상 행동을 한다.

그 2할의 사람들이 낮에 벌이는 문제적 말과 행동은 그래도 수습이나 타협이 가능하다. 해가 떠 있는 동안 사람들의 뇌는 (범죄의 영역은 별도로) 합리적 이성 영역 안에 있거나 있으려 노력한다. 그리고 무엇보다 벌건 낮에는 매의 눈을 가진 목격자들이 너무 많다.

문제는 결국 모든 허물을 드러내는 술이고 그런 허물을 감춰주는 밤이다. 밤에 술 먹은 나쁜 사람은 택시 기사에게 두려움과 공포다. 낮에 손님에게 겪었던 불편했던 짧은 관계는 금방 휘발되지만 밤에 겪는 만취자들의 악행은 우리가 생각하는 보편적 이성과 시민적 교양 따위 쓰레기로 만들어 처박아버린다(보편적 이성과 시민적 교양 따위 없는 택시 기사는 별도 주제로 하자).

이런 사람을 대하는 택시 기사들의 유형도 크게 두 가지인데 당연히 피하거나 감수하거나이다. 감수라는 표현을 한 이유는 낮보다 야간이 훨씬 돈이 되는 시간이기 때문이다. 그 시간에 일을 하면 그런 사람을 만날 확률이 높다는 걸 잘 알지만 생계를 위해서는 달리 방법이 없다.

'내 노동의 주인은 나'라는 도파민

택시 기사는 시간과 정체와 사람에 대한 각자의 해결 방식이 있다. 얼마큼 일하고 언제 일하는지를 알면 가정경제가 대충 짐작되고, 택시 일을 하면서 맞닥뜨려야 하는 고통에 어떻게 대처하고 어떤 방식으로 해결하는지를 대강이나마 알 수도 있다.

일하는 시간이 어떻게 되세요, 라는 물음에 대한 답으로 그 택시 기사의 정체성을 조금은 엿볼 수 있는 셈이다.

택시를 사서 내 업으로 삼은 지 6개월이다. 짧았지만 과연 고난과 고통의 시간이다. 가족과 보상이라는 도파민은 내 생명수였다. 이미 직전 1년 6개월을 법인택시로 투잡을 하며 직접 체험을 했다. 하지만 같은 택시가 회사 소유일 때와 내가 주인일 때는 일하는 시간과 임하는 자세와 마음가짐 등 모든 면에서 차원이 다르다. 수입의 절반 이상을 사납금으로 떼이지 않아도 되고, 일과 휴식을 내가 정한다. 그게 가장 큰 차이다. 돈과 일상을 좌우하는 가장 중요한 변수이기 때문이다. 내 노동의 주인이 바로 나라는 존엄한 사실, 이 도파민 하나만으로도 나는 충분했다.

시간을 견디고 정체를 견디고 사람을 견디는 일은

택시 기사에게 숙명이다. 나는 그걸 이해하고 내 나름의 방식으로 수용하고 있다. 나는 고통의 시간은 수용하고 막연한 도로정체는 적극 회피한다. 그리고 밤에 술에 취한 나쁜 사람은 견딘다. 아직은 한참 가족을 부양해야 할 택시 기사로 살아가는 지금의 내 정체성이다.

장차 바라는 바는 평일엔 새벽에 출근하고 오후에 퇴근한 후 주말에는 쉬는 '저녁이 있는 삶'이다. 생각만으로도 도파민이 마구 분비되는 육십 대 중반의 내 모습이다. 훗날 그렇게 살지 못하게 되었다고 괴로워할 필요는 없다. 이미 상상만으로 현실의 고통을 극복해야 할 의지를 주었고 지금의 나를 단단하게 만들고 있다.

결핍이 인간을 움직이게 하는 동력이라면 고통 역시 회피나 방어를 통해 인간을 적극적 삶으로 끌어들이는 질료다. 숙명적인 택시 운전사의 고통을 나는 그렇게 이해했다.

현장에서 마주한 차별

"이런 거 하면 얼마나 벌어요?"

가끔 택시를 탄 손님들이 대뜸 던지는 질문이다. 묻는 사람은 '얼마나'에 방점을 찍겠지만 택시 운전사 입장에서는 '이런 거'에 방점이 찍힌다. 이런 거라니. 마음이 심란해진다.

우리 사회에서 택시라는 직업을 바라보는 사람들의 시선이 이 질문 안에 있다. 예를 들어 우리는 생전 처음 보는 직장인에게 대뜸 '연봉이 얼마예요?'라는 질문을 먼저 하지 않는다. 무례한 질문이기 때문이다. 상식의 문제다.

택시 운전사에게 함부로 말하는 '얼마나'는 그 사람의 가장 내밀하고 민감한 정보다. 그런데 그걸 택시 운전사에게는 함부로 묻는다. 남녀노소가 따로 없다. 생전 처음 본 사람이 대뜸 얼마나 버냐고 묻는다. 그리고 이런 거라니.

'이런 거'라는 말 아주 오래전에도 들었었다.

30여 년 전, 스물일곱이었던 1992년 겨울에서 1993년 봄 사이 3개월 짧은 기간 스페어 택시 기사로 일했던 그때도 그랬다.

택시를 타면 너나없이 어떤 말이든 주고받던 시절이었다. 나는 그때도 검은 뿔테 안경을 썼고, 다른 택시 기사들에 비해 새파란 나이였으며, 아직 대학생 티가 가시지 않은 인상이었다. 그 짧은 기간에 적지 않은 사람들이 내게 이런 말을 했다.

"젊은 사람이 왜 이런 걸 해요?"

"이런 거 하지 말고 다른 걸 찾아봐요."

기본요금이 900원이던 때 짠한 마음에 천 원 팁까지 얹어주며 했던 말이 30년 전에도 '이런 거'였는데, 다시 시간을 거슬러 8년 전 제주에서 5개월 택시 운전사로 일할 때도 마찬가지였다.

"이런 거 할 사람으로 안 보이는데…."

"제주에는 이런 거 말고는 할 만한 게 없긴 하죠."

직업에 대한 뿌리 깊은 사회적 편견

30년 전이나 8년 전이나 지금이나 택시라는 직업은

'이런 거'라는 사회적 속성을 벗어나지 못했다. 하긴 작년 9월 개인택시를 사서 직업으로 삼기 전 택시에 대한 내 관념도 썩 유쾌하진 않았다. '택시' 하면 냄새와 노인이라는 두 단어가 먼저 떠올랐었다.

택시가 운전면허증만 있으면 아무나 할 수 있는 문턱 없는 직업이긴 해도 사람이 하는 일이다. 직업에 귀천이 없다는 말은 다양한 직업을 고려한 '어여쁜 말장난'이 아니다. 직업에 귀천이 없다는 말의 근원은 사람이다. 사람이 하는 일에 귀천이 없다는 말이다. 근본적으로는 그렇다.

사회에서 직업에 귀천이 있고 없고는 교과서적이냐 현실적이냐에 따라 답변이 극단적으로 갈린다. 교과서적인 답변을 원한다면 없는 거고 우리가 살아가는 현실을 말한다면 분명히 있다. 그러니까 '이런 거'라는 말이 자연스럽게 나온다.

생각 없이 무의식에서 나오는 '이런 거'라는 말은 우리 사회에 내재된 시민의식을 있는 그대로 반영한다. 예컨대 택시를 타고 가는 손님들이 전화를 할 때 유형이 있는데 크게는 택시 운전사를 없는 사람 취급하는 사람과 존재로 의식하는 유형이다.

굳이 비교하자면 없는 사람 취급하는 유형이 더 많

은데, 이들은 외부인이 듣기에 민망한 얘기를 큰 소리로 아무렇게나 한다. 택시가 아닌 카페 같은 곳이라면 남이 들을세라 조용하게 나누었을 내용이다. 그 말을 듣고 있는 것도 민망하고 괴로운데 말하는 사람들은 아랑곳하지 않는다. 그들에게 택시 운전사는 없는 존재다. 불륜 상대와의 민망한 전화도 당당하게 할 수 있는 곳이 택시 안이다. 때론 모멸감까지 드는 내용도 서슴없다.

과거 건설 목수 일을 할 때도 비슷한 경험이 있다. 현장에서 못 주머니를 차고 일을 하는데 어린 아들과 엄마가 길을 걸으면서 나누는 대화가 귀에 들렸다. "너 공부 안 하면 저렇게 된다." 건설 현장에서 일하는 다른 분들의 얘길 들어보면 이런 비슷한 경험이 한 번씩은 있다. 목수든 택시든 진입장벽이 낮고, 몸으로 하는 직업에 대한 사회적 편견은 뿌리가 깊다.

이 편견을 스스로 실감한 사례가 있었다. 9년 전인 2015년, 다양한 국적의 해외입양인들을 만나 심층 인터뷰한 글을 포털 다음의 '스토리펀딩'에 연재했었다. 인터뷰 당시 양부는 벽돌공이고 양모는 초등학교 교사라는 프랑스 입양인의 말에 순간 신기한 마음이 들면서 놀란 나는 "교사하고 벽돌공요?"라고 되물었었다.

그 입양인의 반응이 '그게 왜?'라는 식이어서 한 번 더 신기했던 기억이 있다.

프랑스에서 초등학교 교사나 벽돌공이 우리와 어떻게 다른지, 그 나라의 직업의식은 어떨지 모르지만 내 무의식에 교사와 벽돌공은 부부가 될 수 없었다. 나 역시 사회적 편견이 던진 그물 안에 살고 있었다.

조화로움을 완성하는 수많은 직업

침을 뱉은 후 밀봉해서 보내면 유전자를 분석해 주는 시장이 있다. 수십만 원의 비용을 내면 인종, 혈통, 예상 질병, 탈모 등이 포함된 수십 가지 DNA 정보를 분석해 주는데 놀라운 건 대상자의 키와 몸무게뿐 아니라 직업 유형까지도 맞춰낸다는 것이다. 단지 침을 뱉어 보냈을 뿐인데.

사람은 태어나는 순간 아주 많은 것들이 이미 결정되었을 가능성이 크다. 그러니까 본인이 차은우로 태어나지 않은 것은 본인 잘못이 아니고 차은우 본인도 자기 의지가 아니다. 그저 순전히 우연이 만들어낸 껍데기다.

거기에 각자의 성향과 취향·노력·가족·환경 등 삶에 영향을 주는 많은 변수들이 개입되면서 한 개인의 인생이 완성되어 간다. 유전형질은 개인의 선택이 배제되었지만 그 외의 변수들은 선택의 여지가 있다. 여기에서 자신의 삶의 가능성과 희망의 싹을 틔운다.

내 인생 경험으로 미루어 보아 공부 머리가 있는 사람이 있고 없는 사람이 있다. 몸을 잘 쓰는 사람과 그렇지 못한 사람이 있다. 복잡한 일을 잘 해내는 사람이 있는가 하면, 단순한 일에 최적인 사람이 있다. 직업군을 가르는 가장 큰 요소다. 이는 본인의 선택적 변수가 아닌 타고난 형질에 따라 좌우될 가능성이 크다.

이 시대 최고의 글쓰기 전문가이자 시대를 선도하는 지식인인 유시민 작가의 고백처럼 자기가 아무리 노력해도 김훈이 될 수 없다는 말의 의미는 타고난 문학적 재능의 임계점을 시사한다. 하지만 우리는 김훈 또한 유시민이 될 수 없다는 사실도 잘 알고 있다.

나를 포함한 많은 사람들은 유감스럽게 차은우도 김훈도 유시민도 될 수 없지만 다행인 것은 모두가 누군가를 사랑하고 누군가가 사랑하는 나로 살아간다는 사실이다. 우리가 사는 가장 큰 이유다.

각자에게는 각자의 영역이 있고 각자는 누군가에게 매우 소중한 사람이다. 이런 소중한 개인이 그 자체로 인정받고 존중되는 온도가 민주 시민사회의 척도다.

이 사회를 살아가는 시민으로서의 교양은 그러니까 상대에 대한 배려가 포함된 존중이다. 있는 그대로의 개인에 대한.

조화로운 사회 안에는 조화로움을 완성하는 수많은 직업이 있다. 의사, 목수, 교사, 벽돌공, 공무원, 택시 기사 등등이 직업으로 존재하는 이유는 이 사회 안에서 다양한 방식으로 사람들에게 유용한 역할을 하고 있기 때문이다.

타자에 대한 배려와 존중

하지만 한국 사회에서 몸을 쓰는 거의 모든 직업과 함께 택시 운전사는 과거부터 지금까지 존중받지 못한 직업이다. 개인에 대한 배려와 존중이 빠진 자리는 자동으로 차별과 편견이 차지한다. 존중받지 못하면 자존감이 낮아지고 자존심은 높아진다.

차별적인 언어와 편견 어린 시선에 자주 노출되는 직업을 가진 사람들이 쉽게 화를 내는 이유가 그런 방어본능 때문이다. 때문에 택시 기사들은 버럭 화를 잘 내는 사람들이라는 인식이 더해지는 악순환에 빠지고 차별과 편견은 고착된다. 그러니 택시 기사는 30여 년을 변함없이 '이런 거'나 하는 사람들이다.

자살률이 경제협력개발기구(OECD) 국가 중 부동의 1위인 우리나라의 우울증 문제가 심각한데, 대표적 항우울제인 '프로작' 처방률이 월등하게 높은 북유럽 국가 중 아이슬란드 역시 그 심각성이 내재되어 있다. 대신 아이슬란드는 인구 대비 독서율과 작가군의 비중이 월등하게 높은데, 열악한 기후환경과 우울증이 동시에 작용한 결과로 보인다. 결국 같은 우울증을 가진 사람이 어떤 나라에서는 작가가 되고 어떤 나라에서는 스스로 목숨을 끊기도 한다.

교사와 벽돌공이 부부라는 말에 의아해하는 나를 오히려 의아해하던 입양인의 나라 프랑스에서 인권선언 초안이 작성된 해는 1789년이다. 지금으로부터 236년 전, 조선 정조 13년일 때다. 우리나라에서 개인의 인권을 헌법으로 새긴 해는 그로부터 159년 후, 제헌의회가 열린 1948년이었다.

한국 사회가 짧은 기간 괄목할 만한 경제성장과 민주사회로의 진전을 이루긴 했지만 그만큼의 시민의식은 고양되지 못했다. 역사 발전에 '스킵'은 없고 세대를 뛰어넘는 시민의식의 발전 또한 불가능하다.

인간의 인식 체계는 자신의 경험 안에 머물고, 집단 경험이 세대 의식을 형성한다. 형식적이나마 민주화 이후 세대의 집단 경험이 우리 사회의 주류의식으로 대체되는 시기가 멀지 않았다. 민주화 이전 야만의 시절, 주위를 돌아볼 여유조차 없었던 각자도생의 시민의식이 밀려나는 자리에 스며들어야 하는 건 타자에 대한 배려와 존중이다.

나는 내 아이들에게 '이런 거'나 하는 사람이 아니다.

육지 사람의
제주 택시 운전사 생활

제주에서 7년을 살았다. 2010년 섬에 들어갔다가 2017년 육지로 나왔다. 그땐 아이들도 어렸고 아내도 나도 젊었다. 처음 3년은 동쪽 시골 언덕 위 하얀 집에서 더 이상 바랄 게 없는 행복한 시절을 보냈다. 그러던 어느 날 아이들을 태우고 중산간 길을 달리던 아내의 차가 갑자기 나타난 노루를 피하다 노변 바위에 부딪힌 후 튕겨나가 버렸다.

큰 사고였다. 아내와 아이들이 모두 중상자가 되어 시내 병원에 입원했고 퇴원해서도 아내는 몇 년에 걸쳐 수술과 재활을 반복해야 했다. 행복했던 시골 생활을 정리하고 병원 가까운 제주 구시가지 아파트로 이사했다.

제주에는 회사라는 것도 별로 없을뿐더러 생리에

맞지 않는 회사 생활이 싫었던 나는 아이들을 챙기고 아내의 재활을 도우며 건설 목수를 하고 있었다. 겨울이 왔고 현장 일은 들쭉날쭉이었다. 마침 개인택시를 하는 지인이 법인택시도 열심히만 하면 목수 일당 정도는 벌 수 있다고 했다.

제주 겨울은 명목상 온도는 영상이라도 사방팔방 바다에서 불어오는 바람 때문에 춥고 시린 날이 많았다. 바람이 심하면 멈춰야 하는 들쭉날쭉한 현장과 시린 겨울을 한번에 해결할 수 있는 묘책이다 싶어 냉큼 택시운전자격증을 따서 택시회사에 들어갔다.

5분 교육 받고, 제주에서 택시 운전대를 잡다

2015년 겨울이었다. 그해 포털 다음 스토리펀딩에 연재했던 '해외입양인의 삶과 사랑'을 14회까지 쓰고 마무리한 후였고 2016년 출판 계약을 맺은 책의 원고를 손보는 중이었다. 그러니까 글을 쓰면서 두드렸던 망치를 내려놓은 대신 겨울 지나 따뜻한 봄이 오기까지 운전대를 잡을 생각이었다.

면접을 봤던 회사 상무가 내게 배정된 택시 키를 내주면서 말했다.

"이십 대 때 택시 몰아봤다고 했죠? 이십 년 전이나

지금이나 크게 다를 건 없으니 잠깐 미터기 작동법만 설명 드릴게요. 손님이 타면 이걸 누르면 되고 내리면 이걸 누르세요. 다른 건 해보시면 알아요. 모르면 다른 기사들한테 물어보시고요."

교육은 그걸로 끝이었다. 이십 년 전 했던 3개월 스페어 택시 기사 경력 덕분에 오 분 남짓한 시간이 내가 받은 교육의 전부였다. 그 길로 회사 주차장을 빠져나오긴 했는데 막상 영업을 시작할 순간이 오자 두려운 마음에 심장까지 떨려와 큰길 앞에서 한참 숨을 골랐다. 무슨 일이든 처음 하는 일 앞에서는 그렇게 된다. 더군다나 매번 다른 사람을 만나야 하는 일이다.

제주에 와서 첫 한 달을 혼자 중산간 외딴집에서 살았을 때였다. 읍내에서 일을 보고 돌아오는 깜깜한 밤길에 가로등은 없고 비포장도로 양쪽으로 억새가 사람 키만큼 자라 있었다. 그 길을 지날 때마다 억새밭에서 갑자기 뭔가가 튀어나올까 싶어 매번 무섬증이 일었는데, 가장 두려웠던 건 동물보다 (누군지 모를) 사람이었다. 경우에 따라 사람이 사람에게 가장 무서운 존재일 수 있다는 걸 실감했다.

가로등도 있고 억새밭도 아닌 아스팔트 길이지만 그래도 택시는 누군지 모를 사람을 태워야 하는 일이었다. 큰길로 나가고 얼마 지나지 않아 60대 후반으로 보이는 여성이 손을 들어 차를 세웠다.

"안녕하세요? 어디로 모실까요?"

"어? 육지사람인가 보네?"

"네. 육지것입니다."

"하하하."

제주 사람들은 내 인사말 안에 담긴 단어와 억양만으로 내가 육지것인지 아닌지를 금방 알아냈다. 그리고는 내비게이션보다 더 친절하게 지름길이나 전통적인 동네 이름을 알려주곤 했다.

5분 교육으로 끝내고 나머지는 해보면 알게 된다는 상무의 말이 틀리지 않았다. 며칠 만에 나는 택시에 익숙해졌고 미터기 사용법을 터득했으며 내 택시를 타는 제주사람들을 두려워하지 않게 되었다. 가끔 야간에 벌어지는 주취자의 만행을 피할 수는 없었지만 그건 제주만이 아니라 전국 어디에서나 밤이 되면 벌어지는 인간사의 추한 장면 중 하나다.

지인의 말대로였다. 법인택시였지만 꾸준하고 성실하게 일을 하니 사납금을 내고도 목수 일당만큼 돈을 벌 수 있었다. 하지만 택시는 기본적으로 손님이 있어야 운행이 되는 구조이다 보니 내가 열심히만 한다고 되는 일은 아니었다. 겨울나기가 목표였던 5개월 동안 짧았지만 꾸준하게 손님을 태울 수 있었던, 육지와는 다른 제주도만의 택시 문법이 따로 있었다.

불편한 대중교통과 여행객… 그리고 술과 괸당

70만이 사는 제주도 면적은 천만 서울의 세 배다. 인구밀도가 매우 낮긴 한데 제주도 인구의 70%가 제주시에 살기 때문에 시내 밀집도는 매우 높다. 그러다 보니 제주에도 교통체증이 있고 시내 주차 시비는 고질적인 문제가 되었다. 반면 시내에서 조금만 벗어나면 속이 뻥 뚫리는 도로와 적도스러운 자연을 마주치게 된다.

즉 인구밀도가 높은 시내권과 낮은 시외권의 짧은 구간거리와 서로 다른 대중교통 수요가 공급 체계에도 영향을 주게 된다. 이런 특성은 효율적인 대중교통 체계에 구멍을 내고 그곳을 택시가 메꾸는 형국이다. 8년 전에는 그랬다. 첫 번째 문법이다.

택시와 관련된 대표적인 장면이 있다. 제주에는 크고 작은 유흥가를 모두 수렴하는 음주가무의 3대 성지가 있다. 신제주 재원아파트 사거리, 구제주 시청, 동쪽으로는 인제수협사거리가 그곳이다. 특히 제주도의 깊은 밤은 유흥가만 아니면 일찍 잠드는 거리여서 적막감과 함께 모든 도로가 한산해진다.

해서 성지순례를 마친 유흥객들이 서둘러 택시를 타고 떠나는 시간이 되면 적막하고 한산한 길 위로 택시들의 레이스가 시작된다. 제주도의 밤을 하늘에서 바라보면 이 시간 빨간 빈차등을 켠 택시들이 세 곳의 유흥가로 모여들었다가 취객을 태우고 사방으로 흩어지는 빛의 행렬이 암흑을 가를 것이다. 이어 가까운 시외에 손님을 내려 준 빈 택시들이 포퓰러 경기장을 질주하듯 시내로 모여드는 광경은 장관이다. 이런 심야 왕복을 몇 차례 했는지가 그날 매출의 관건이다.

두 번째는 여행객이다. 해외여행이 자유롭지 않았던 1970~1980년대만 해도 가장 많이 찾던 신혼여행지는 제주도였고 비행기에서 내린 신혼부부는 여행하는 동안 대절한 택시를 타고 관광을 했다.

1990년대에 결혼한 나도 그런 문법에 따라 제주에 가서 택시를 대절했고 택시 기사가 내려 준 관광지를 구경하고 사진도 택시 기사가 선택한 배경에 택시 기사가 주문한 자세로 찍었다. 그때는 사람만 바뀐 똑같은 사진을 비슷한 또래의 다른 집에서도 흔하게 보던 시절이었다.

시절이 바뀌었어도 여전히 제주도는 여행자의 섬이다. 택시관광 대신 렌터카 여행이 대세가 되었지만 적지 않은 사람들이 올레길이나 한라산 등반 등의 이유로 대중교통 여행을 한다. 차가 있는 여행객들도 저녁에는 숙소에 차와 짐을 놓고 제주 시내를 즐기기 위해 택시를 이용한다.

택시 산업의 관점에서 관광객 수요는 육지에서는 변수로 작용하지만 제주에서는 상수다. 이 점이 육지와는 다른 제주 택시만의 장점이다.

마지막 문법은 술과 괸당이다. 제주에서 7년을 살면서 제주사람들을 만나다 보니 육지것과 제주사람의 차이가 조금씩 보이기 시작했다. 제주사람들은 대개 투박하고 진실됐다. 그리고 '찐' 제주토박이들은 한결같이 '말술'을 마셨다. 거기에 괸당문화가 한술 더했다.

'괸당'은 '친인척'의 제주도 방언인데, 이 괸당 중심의 문화가 제주인들의 삶과 사회에 미치는 영향 등에 대한 탐구는 학자들의 몫이지만 택시 기사 입장에서 괸당은 정말로 고마운 문화다. 왜냐하면 제주사람들 일상 안에서 괸당문화는 많은 모임을 만들어냈고, 많은 모임은 많은 술자리를 만들어냈으며 많은 술자리는 불가피하게 많은 대리운전이나 택시를 부르게 되기 때문이다.

제주사람들은 모임이 정말 많다. 태어나고 자란 마을에서부터 학교와 직장에 친인척 모임까지 매달 치러내야 하는 모임이 여러 개다. 육지사람들도 그런 모임들이 있지만 섬 문화의 특성 때문인지 제주사람의 자신을 낳은 땅을 중심으로 맺어진 관계 속에는 억지로 끊어지지 않는 질긴 생명력이 있었다. 나는 그것이 괸당문화의 본질이라고 생각했다.

그해 겨울이 지나고 봄이 되자 나는 잡았던 운전대를 놓고 다시 현장으로 돌아가 망치를 들었다. 제주에서 5개월 택시생활은 내게 고마운 기억으로 남아 있다. 조금은 불편한 대중교통과 여행객과 술과 괸당문화 덕이었다.

덕분에 네 식구 생활비를 해결하면서 사람이 사는 섬의 구석구석까지 밟을 수 있었다. 제주에 살아도 만날 수 없었던 다양한 제주사람들을 만나게 해주었고 그들 중 많은 사람들은 육지것이라는 이유로 택시 운전사인 나를 환대해 주었다.

제주에서 우리 가족에게 일어났던 큰 사고는 시간이 지나면서 치유되었다. 아내에게는 영원히 지워지지 않을 흉터가 남았지만 다시 살아서 아무렇지 않게 일상을 보낼 수 있는 것만으로도 감사하고 있다.

　택시를 그만둔 다음 해 이삿짐을 싸서 가족들과 고향으로 가는 배에 오른 나는 후미에 서서 점점 희미해지는 제주도를 아쉬운 마음으로 보이지 않을 때까지 바라보았다. 제주도는 계속 살아도 좋았고 계속 살고도 싶은 곳이었지만 점점 나이 들어가는 나와 아내에게도 가까이 사는 괸당이 소중해지고 있었다.

사라지지 않는 사납금제

택시회사의 기준금은 2020년에 폐지되어 불법화된 '사납금'의 변종이다. 서울 소재 A 택시회사의 기준금은 월 564만 원이다. 일 평균 21만 7천 원을 회사에 줘야 한다. 26일 만근 기준 기본 월급은 세후로 181만 원이다. 564만 원을 초과하는 금액은 노동자에게 60%를 주고 사용자는 40%를 가진다. 이름만 다를 뿐 사실상 사납금제다.

이 조건을 기준으로 택시노동자의 월 실수령액을 추산해 보자. 2023년 3월 10일 자 〈뉴스핌〉에 따르면 택시 한 대당 일평균 매출은 20만 6,608원이다. 만근 26일을 곱하면 557만 1,808원. 기준금 564만 원에서 26만 8,192원이 모자란다. 월급을 받고 일부를 다시 회사에 내줘야 한다. 이를 빼고 남은 실수령액은 154만 원. 참고로 2023년 최저임금은 주 40시간 기준 201

만 원이다.

놀라운 건 택시노동자가 154만 원이라도 받기 위해서는 일 12시간 주 72시간을 채워야 한다. 모든 노동자들에게 예외없이 적용되는 40시간 소정근무 201만 원 최저임금이 택시노동자에겐 예외다.

SBS 〈모닝와이드〉(2023.9)를 보면 1인가구 월평균 소비지출액은 155만 1천 원(통계청 기준)이다. 모든 통계를 종합하면 A 회사에 근무하는 택시노동자는 하루 밤낮없이 12시간 운전해서 벌 수 있는 돈이 겨우 혼자 먹고살 수 있는 수준에도 도달하지 못한다.

택시 기사 월 수입, 최저임금보다 낮은 154만 원

2024년 1월 기준 서울시 법인택시 기사 수는 2만여 명, 평균 연령은 63.1세다(서울시 통계). 이 사람들이 모두 독거노인이라 해도 문제지만 대부분은 가정이 있고 부양해야 할 가족이 있는 사람들이다. 하루 12시간 노동을 해서 154만 원을 번다면 아무도 이 일을 하지 않을 것이다.

그런데 2만여 명의 노동자가 택시운전을 하며 살아가는 마법이 따로 있다. 알고 나면 다소 참담할 수 있는. 그 비법은 일 매출 20만 6,608원의 평균을 만드는 높은 값과 낮은 값의 시차와 기준 초과금 배분비율 60% 안에 있다.

서울에서 택시 매출은 낮과 밤의 차이가 크다. 낮에는 평균 1만 5천 원에서 2만 원 사이지만 정체가 사라지고 심야할증까지 더해지는 10시 이후에는 3만 원, 많게는 시간당 4만 원도 벌 수 있다.

전통적으로 12시간 맞교대를 해왔던 택시회사가 코로나 이후로 돌아오지 않은 택시 기사들로 인해 운행률이 30%까지 주저앉았다. 택시는 남고 기사가 부족하니 맞교대가 아니라 아예 차 한 대를 내주는 1인 1차제가 가능해졌다. 그래서 근무시간을 노동자가 탄력적으로 조절할 수 있게 되었고, 기준금도 채우지 못하는 오전이나 낮 시간을 피해 여러 가지로 위험요소가 많은 밤 근무로 내몰리는 것이다. 게다가 최저임금에도 한참 못 미치는 154만 원 월급으로 가족들과 서울에서 살아가는 건 불가능하다.

때문에 기준금에서 요구하는 일 매출 20만 6,608원을 넘어서는 매출을 반드시 올려야 한다. 거기에서 40%를 뗀 60%의 초과금만이 가정경제를 유지할 수 있는 유일한 해결책이다. 매일 10만 원의 초과금을 벌었다고 가정하자. 26일 만근을 기준하면 260만 원이다. 여기서 40%인 104만 원을 떼주고 남은 돈은 156만 원. 월급을 포함하면 337만 원이다.

복기하면 택시노동자가 월 26일 동안 밤샘 운전해서 일 30만 원 매출을 올리면 월급 포함 780만 원인데 회사는 이 중 56%가 넘는 443만 원을 가져가고 노동자는 절반도 안 되는 337만 원을 지급받는다.

그런데 3백만 원이 겨우 넘는 이 돈마저도 대부분의 택시노동자에겐 먼나라 얘기다. 국토교통부의 '법인택시 월급제 도입성과 분석 및 확대방안 마련 연구(2022년)' 보고서에 따르면 법인택시 기사들의 평균 소득은 220만 4,869원이다. 이와 같은 저임금 구조 속에 밤샘근무와 함께 승차거부, 과속 난폭운전 등이 일상화되고, 택시를 바라보는 시민들의 시선도 왜곡된다.

주중 하루 휴일에 16시간 노동이 일상이었던 19세기 산업혁명 당시 영국에서나 볼 수 있던 전근대적인 노동착취가 2024년 택시 현장에서는 너무 흔하게 볼 수 있는 야만적인 풍경이다. 이는 평균 나이 63세의 택시노동자가 일상을 유지하면서 할 수 있는 노동이 아니다.

그나마 월 200만 원대 벌이라도 하기 위해 택시노

동자는 아침 출근 저녁 퇴근은 물론 친구를 만나고 산책을 하고 가족들과 여가시간을 보내는 등의 평범한 일상은 꿈도 꾸지 못한다. 그들에게 주어진 사명은 오로지 운전하고 자는 것이다. 우리나라 법인택시의 생존비법은 전적으로 택시노동자의 희생을 먹잇감 삼은 전근대적인 노동착취 방식이다.

사납금 중심의 수탈구조
택시산업 머잖아 공멸

택시회사 입장에서도 할 말은 있다. 차량 보험, 가스값, 정비, 사고 처리, 신차 교체, 4대보험 등 제반 관리비와 경상비도 해결해야 하고 영업이익을 목적으로 하는 회사로서는 당연히 받아야 할 돈이다.

2019년 10월 13일 자 〈중앙일보〉 기사에 따르면 "준공영제에 따라 서울시는 버스회사의 평균 이익률 3.6%를 보장해왔"으나, 2019년 1월 31일 자 〈서울앤〉 기사에서 서울시 택시물류과 이태경 주무관이 밝힌 바에 따르면 "서울의 법인택시 원가 분석을 살펴보면, 택시 한 대당 수익률은 1.6%"였다.

그 많고 적음의 문제를 떠나 택시업계는 종사자 감소와 함께 노령화되어가고 법인회사는 기사를 구하지 못해 매일 망하는 업체들이 생겨난다. 근본은 우리나라의 택시산업이 수십 년 동안 사납금 중심의 노동자수탈구조를 벗어나지 못하고 있기 때문이다. 이 구조가 변하지 않으면 우리나라 택시산업은 머지않은 시기에 공멸할 운명이다.

택시는 운송가격을 국가와 지방자치단체에서 엄격하게 관리하는 공적 운송체계 안에 있다. 운수종사자의 자격도 국가와 지방자치단체에서 관리하고 사업면허도 철저한 통제와 관리 속에 있다. 그런데 택시는 법적으로 지하철, 버스와 같은 대중교통수단이 아닌 고급교통수단이다. 말하자면 공적 관리는 철저하게 받지만 공적 책임은 없다.

게다가 고급교통수단인 우리나라 택시비는 경제협력개발기구(OECD) 국가 평균의 38% 수준이다. 풀어 설명하면 다른 나라에서 만 원을 받는 택시비가 우리나라에 오면 3,800원이 된다는 얘기다. 이런 퇴행적 비용구조를 유지하고 지탱해 온 방식이 택시노동자의 강도 높은 노동과 공적 책임 바깥에서 구조화된, 최저임금에도 못 미치는 탈법적인 임금체계다.

이렇게 기형적인 체계를 희생양 삼아 서민들은 값싼 택시를 이용해서 좋고 정부와 지자체는 재정지출

없이 고급교통수단이라고 이름 지은 대중교통수단을 유지할 수 있어 좋다. 하지만 언제까지 마냥 그럴 수는 없다. 정상성을 벗어난 기형적 체계는 반드시 도태된다.

도산하는 택시회사가 속출하고 신규종사자 유입은 멈췄으며 기존 종사자는 노령화되는 각종 지표들은 법인택시 산업이 이미 공멸의 길에 들어섰음을 경고하고 있다.

해법이 없지는 않다

해법은 있다. 고급교통수단에 맞게 택시비를 OECD 수준으로 현실화하거나 택시를 고급교통수단에서 대중교통수단으로 변경하여 공적 책임을 강화하는 것이다. 이 경우 버스와 같이 준공영제를 통해 택시노동자의 법적 노동시간과 적정임금을 국가와 지자체가 보장해줄 수 있게 된다.

정치권에서도 모르는 바가 아니었다. 이를 위해 2013년 1월 1일 택시를 대중교통으로 인정하는 '대중교통 육성 및 이용 촉진법(택시법)'이 국회에서 통과됐다. 이는 버스와 더불어 택시를 준공영제 대상에 포함시킬 수 있는 법적 근거였다. 이를 통해 버스와 택시 환승 할인 등이 가능해지고 운전자에게는 법적 노동시간과 적정임금을 보장하는 길이 열리는 줄 알았다.

택시노동자의 강도 높은 밤샘 운전과 최저임금도 안 되는 수입을 보상받기 위해 고질적으로 행해졌던 승차거부, 과속 난폭운전 등이 사라질 수 있는 절호의 기회였다. 하지만 당시 이명박 정부는 국가와 지자체에 과도한 재정부담을 초래한다는 이유로 개정안을 거부했다.

그로부터 십 년 뒤인 2023년 4월 민주당 양경숙 의원이 택시를 대중교통 수단으로 포함하는 법안을 '대중교통의 육성 및 이용촉진에 관한 법률 일부개정법률안'으로 대표 발의했다. '택시업계를 중심으로 택시운송업의 경영 여건이 악화되고 택시 서비스의 질이 저하되는 문제가 발생하고 있어 정책적 지원이 필요하다는 하소연이 이어지고 있다'고 언론을 통해 전했다. 하지만 이 법안은 여론의 관심을 끌지 못했고 양경숙 전 의원의 임기와 더불어 폐기되었다.

2023년 9월 26일 오전 택시노동자 방영환 씨가 임금체불을 규탄하고 완전월급제 시행을 촉구하는 1인 시위를 227일째 이어오다 회사 앞 도로에서 스스로 몸에 불을 붙였다. 그는 전신 화상을 입고 입원한 지 열흘 만에 사망했다.

방영환 씨의 분신을 계기로 서울시에서 작년 11월 불법화된 사납금제와 현행법으로 운영되어야 할 전액관리제의 시행 실태를 21개 업체를 대상으로 시범 조사했다. 그 결과 21개 업체 모두가 사납금제의 변종인 기준금제를 시행하고 있었다.

사실상 조사 대상 택시회사 모두 2020년 이후 불법화된 사납금제를 버젓이 유지하고 있는, 이미 만연해 있고 누구나 알고 있는 현실을 공식적으로 확인하는 데 한 목숨이 사라져야 했다.

1970년 분신한 전태일은 사문화된 근로기준법과 함께 부활되어 아직도 청계천 다리 위에 서 있다. 2023년 택시노동자 방영환의 죽음이 헛되지 않는 길은 서울시로부터 공식 확인된, 택시생태계에 만연한 불법사납금제가 불가능한 법적 환경을 만드는 것부터다.

2024년 4월 10일 국회의원 선거가 있었다. 윤석열 정부는 시민들의 엄중한 심판을 받았고 민주당과 조국혁신당은 승리했다. 여야가 합의한 택시법이 2013년 이명박 전 대통령의 거부권으로 사라졌고 2023년 민주당 양경숙 의원이 발의한 택시법은 21대 국회와 함께 폐기되었다.

2024년 5월 30일 22대 국회가 새로 열렸다. 택시노동자 방영환의 죽음을 다시 생각할 시간이다.

운전자 폭행의 희생자가 되다

경찰청 통계를 보면 2022년 전국에서 발생한 운전자 폭행은 4,368건이었다. 이 중 서울에서 발생한 사건은 1,115건으로 전국 대비 25.5%였다.

하루로 환산하면 2022년 전국에서 열두 명, 서울에서는 세 명의 운전자가 매일 운전대를 잡은 무방비 상태에서 폭행당했다. 서울시 통계로 영업용 자동차 업종별 수송 현황을 보면 등록된 택시가 법인·개인 합계로 2022년 기준 7만 1,701대였다.

이렇게 복잡한 숫자놀이를 하는 이유가 있다. 내가 사는 서울에서 택시 운전을 하는 김 모 씨가 폭행당할 확률을 따져보기 위해서다. 매일 등록된 모든 운전자가 영업을 했다는 가정을 하면 당첨 확률은 0.004%다.

변수가 있다. 2023년 9월 25일 MBC 뉴스에 따르면 감사원은 '지난 4년 동안 서울시에서 택시 면허를 갖고 있는 차량 7만여 대 중 하루 평균 4만여 대만 운행됐다'며 '평균 운행률이 57%로 나타났다'고 밝혔다.

계산을 다시 하자. 7만 1,701의 57%인 4만 869명 중 세 명이다. 허수를 뺀 실제 확률은 0.007%. 한 번 폭행당한 피해자가 두 번 안 당한다는 가정을 하고 하루에 세 명씩 빠진다. 57% 운행률로 마지막 희생자가 나오기까지 걸리는 기간은 1만 3,623일, 햇수로는 37년이다.

설사 마지막 희생자라 해도 37년은 내가 운전자 폭행을 한 번도 당하지 않고 개인택시를 아름답게 마무리할 수 있는 충분한 시간이다. 택시 운전을 시작한 나에게 필요한 시간은 20년, 그러니까 20년 안에만 아무 일 없으면 되는 거다.

확률은 희미했고 저런 몰상식한 범죄는 나를 비껴 갈 거라는 막연한 확신이 있었다. 보편적 삶을 살아가는 인간은 스스로 불행을 예약하지 않는다. 그렇게 개인택시를 시작하고 일 년도 안 된 아니 겨우 6개월을 갓 넘긴 지난 4월이었다. 빌어먹을, 내가 당첨됐다. 0.007%, 그날 하루 동안 서울에서 운행한 택시 4만여 대 중 운전자 폭행을 당한 세 대의 차량 운전자 중 한 명이 바로 나였다.

예감은 빗나가지 않았다

 멀쩡하게 앱으로 호출까지 했던 그가 택시에 오를 때, 배웅 나온 친구는 "기사님, 잘 부탁합니다"라고 살가운 인사를 했다. 자정이 목전에 다가온 깊은 밤이었다. 실루엣으로 비친 인상은 서른에서 마흔 사이 건장한 청년이었다. 차에 오르면서 털썩하고 주저앉을 때 술에 취한 줄은 알았다. 도착지까지는 20킬로미터가 넘는 시내 장거리였다.

 아파트 단지를 벗어나 강변을 따라 이어진 고속화도로에 차를 올리고 달리기 시작했을 때 징조가 보이긴 했다. 지인들과 연이어 짧은 통화를 하는데 그쪽에서는 서둘러 끊으려는 눈치였고 그는 욕설로 마무리했다. 그런데 그 상스러움이 심상치 않았다. 술을 먹었어도 평범한 사람이 함부로 뱉을 수 없는 단어였다.

 통화가 끝나고 기분이 나빴는지 혼잣말로 욕설을 하던 그가 내게 말을 걸었다. 물론 택시 기사와 승객으로 처음 만난 사람들이 할 수 있는 그런 예의 바른 방식이 아니었다.

 그는 다짜고짜 자기가 어떤 사람인지 아냐고 물었고 나는 당연히 모른다고 대답했다. 그러자 그는 어떻게 자기를 모를 수가 있느냐면서 심한 욕설과 함께 나를 추궁하기 시작했다. 게다가 한술 더 떠서 조수석 머리받이를 가리키며 이 형님이 얼마나 대단한 사람인지 아느냐고 물었다.

대개 술 취한 사람들은 택시에 타면 취기가 금방 오르는 느낌을 받는다. 아마도 좁은 공간 안의 더운 공기가 그렇게 만드는 것 같았다. 그는 앞자리에 대단한 형님을 모시고 가는 중이라고 착각하고 있었다. 지금 여기는 택시 안이고 당신과 나밖에 없다고 친절하게 설명해 줬지만 이미 이성을 잃은 그에게 그런 설명 따위는 의미가 없었다.

심한 욕설을 퍼붓던 그가 곧 모종의 행동에 나설 거란 예감은 빗나가지 않았다. 왠지 그런 불운한 느낌은 꼭 현실이 되고 만다. 그 짧은 순간 그러니까 욕설과 행동 사이에서 내 예상은 주먹 아니면 발이었다. 나름 마음의 준비를 하고 있는데 그는 전혀 예상하지 못한 방식으로 나를 공격했다.

뒷자리에 앉았던 그가 상스러운 욕설을 퍼부으며 자기를 몰라보고 대단하신 형님까지 몰라본 내게 달려들어 휘두른 폭력은 목을 조르는 것이었다. 술에 취했어도 내 목에 감긴 건장한 청년의 굵은 손마디가 짱짱

하게 조여왔다. 자정이 가까워지는 시간, 자동차 전용도로를 달리는 차들은 거침없이 속도를 높이며 운전대가 흔들리는 내 차 옆을 빠르게 지나쳐 갔다.

여기는 고속화도로고 이렇게 목을 조르면 조금만 운전대를 잘못 움직여도 다 죽을 수 있다고 경고했지만 소용없었다. 단순한 경고가 아니라 내겐 직면한 위험이었고 실제로 죽을 수도 있겠구나라는 아찔한 생각이 들었다. 아직 목적지까지는 절반도 가지 못했다.

아니, 목적지는 이제 중요하지 않았다. 내가 살 길을 찾아야 했다. 내겐 집에서 나를 기다리는 아내와 자식들이 있었다. 그는 계속 욕설과 함께 내 목을 힘껏 조이고 있었다. 갓길도 없는 고속화도로에서 목이 졸린 채 운전하는 그 시간이 영원할 것 같은 암담함만 가득했다. 그와의 몸싸움이나 방어를 위한 역공은 오히려 위험을 자초할 수 있었고 후에 쌍방 폭행의 빌미가 될 수 있다.

길 끝이 보이지 않는 아득함에 어쩔 줄 몰라 하는데 반포대교를 건너는 램프 구간이 앞에 나타났다. 그곳을 건너 좌회전하면 고속버스터미널이 있고 경찰 지구대가 바로 옆에 붙어 있다는 생각이 번쩍 들었다. 반사적으로 핸들을 꺾었다. 다리를 건너 고속버스터미널

택시승강장에 차를 밀어붙이고 핸드폰을 들고 뛰어내렸다. 여기까지가 사건의 전말이다.

후유증은 컸다

그는 운전자 폭행 현행범으로 체포되었고 특정범죄 가중처벌 등에 관한 법률 이른바 특가법으로 재판에 넘겨졌다. 특가법은 피해자의 의사와 상관없이 기소처분된다. 그는 지금까지 가해자가 응당 해야 했을 충분한 사과나 적절한 조치를 어떤 방식으로도 하지 않았고 할 의사도 없는 것으로 보인다.

물론 나는 그런 행동을 했던 사람이 재판을 앞두고 갑자기 회심하여 지은 죄를 진심으로 뉘우치고 내게 사과하는 이벤트에는 처음부터 관심이 없었다. 그 모든 건 결국 자기 형량을 낮추기 위한 연극에 불과하다.

그날 이후 내게 닥친 현실은 새로운 격랑이었다. 물리적 폭력은 도무지 내 삶과는 아무런 인과관계가 없었다. 그런 줄로만 알았던, 날것 그대로 당했던 폭력의 잔상은 광범위하고 악착같이 내 삶에 파고들었다. 나는 그것부터 해결해야 했다. 사건 이전의 삶으로 돌려놓는 일, 내겐 그게 우선이었다.

고속화도로에서 운전자 폭행은 살인 행위다. 목이

졸리는 와중에 전방 시야도 방해받으면서 들었던 생각은 내가 이렇게 죽을 수도 있겠다는 아찔함이었다. 단순한 주취자의 폭력이 때와 장소를 잘못 만나면 모두에게 비극적인 사고로 이어질 수 있다.

심각한 문제는 그 사건의 주 무대가 나와 내 가족의 생계가 달린 택시라는 사실이다. 후유증은 컸다. 낮보다 50% 이상 소득이 좋은 야간 택시 운전을 한동안 도무지 할 수 없었다.

병원에 있던 며칠 동안에는 심리적 안정을 취했다는 생각이 들었다. 하지만 퇴원하고 용기 내어 일을 나선 밤에 술과는 상관없이 건장한 젊은 사람이 타면 내리는 순간까지 식은땀 나는 긴장감이 팽배해 그 길로 집으로 돌아와 버렸다. 당장 가정경제가 피해를 보기 시작했다.

더구나 돌발상황이 언제 어떻게 발생할지는 누구도 예상할 수 없는 일이다. 그날 0.007%의 당사자가 내가 될 줄 아무도 예상하지 못했다. 4만여 명 중 세 명 안에 내가 들어갔다는 사실은 지금도 믿기지 않는 확률이다. 그 결과 당장 경제적 타격이 커져 버렸는데 정작 중요한 문제는 다른 곳에 있었다.

일상이 무너져 버렸다

택시 운전사는 통상 하루 중 짧게는 여덟 시간에서 길게는 열두 시간 넘게 일을 하는데, 낮이든 밤이든 혹은 낮과 밤을 섞든 각자의 생체 리듬과 일상 환경에 맞는 하루 일정표가 자연스럽게 고정된다. 내게도 지금 삶 안에 굵직하게 자리 잡은 택시와 글쓰기와 가족들과 함께 보내는 시간을 맞추기 위해 여러 달 동안 다양한 실험 끝에 완성된 하루 일정표가 있었다.

오전 9시 전후로 일어나 오후 1~2시까지 개인 시간을 가지면서 글을 쓰고 2시 이후에는 일을 시작해 새벽 1~2시까지 할증구간 영업으로 마무리하는 일상이었다. 주말에는 오전에 아이들과 함께하는 외식이 정례화되어 있었고 으레 나는 그런 시간 안에서 편안함과 안정감을 느끼며 살고 있었다.

그렇게 힘들게 쌓아 놓은 나와 가족들의 일상이 하루아침에 무너져 버렸다. 겨우 20분 남짓 된 폭력이 내 모든 평화의 시간을 허물어 버렸다. 그리고 모든 게 엉켜 버렸다.

처음부터 다시 시작해야 했다. 사건 후 며칠은 마음을 붙잡느라 병원에 있었고 그 뒤로도 일주일 동안은 아무것도 하지 못했다. 마음의 불안보다 형사사건 피해자가 알아야 할 경찰서와 검찰, 법원 관련 정보들을 수집하고 내가 해야 할 일과 할 수 있는 일을 찾아야 했다.

법과는 무관한 일상을 사는 보통 사람들에게는 모든 게 생소하고 낯설었다. 단어, 용어, 절차 등 알아내는 모든 것들이 다 그랬다. 그 분야에 있는 사람들은 당연하다는 듯 쉽게 말했지만 나로서는 처음인 내용들을 소화하는 것도 쉽지 않았다.

통계적으로 서울에서 매일 하루에 세 건이 발생하는 범죄인데 당하는 모든 사람이 나와 같은 힘든 과정을 거치고 있다는 생각이 들었다. 대중교통 운전자 폭행의 25.5%가 발생하는 서울시에서는 이런 피해자에게 일목요연한 정보제공과 피해구제에 대한 처리 과정을 전문적으로 지원하는 시스템이 필요하다.

법은 멀고 주먹은 가깝다

내가 다시 마음을 잡고 본격적으로 일을 시작하기까지는 몇 주가 더 걸렸지만 예전의 평화로웠던 일상은 두 달이 지나도 온전히 돌아오지 않았다. 밤 운전시간을 조금씩 늘려가며 수입을 정상화하고 심리적 안정을 되찾는 데도 필사적인 노력이 필요했다. 나와 같은 운전자 폭행 희생자 중 그 길로 아예 밤 운전을 포기하는 사람들도 많았지만 나는 그럴 수 없었고 그렇게 하고 싶지 않았다.

가해자가 형사재판에 넘겨지고 피의자에서 피고인으로 신분이 바뀌었다는 통고를 받으면서 알게 된 이름 말고 내가 그의 신상에 대해 아는 것은 전혀 없다. 그가 나에게 행사한 폭력이 낳은 결과에 대해 어떤 생각을 하는지도 이제는 알 바 아니다. 그는 그저 내게 용서를 바라지도 않은 뻔뻔한 가해자로서만 기억될 뿐이다.

재판 결과도 관심 없긴 마찬가지다. 2022년 기준 5년 동안 1만 5,631명이 운전자 폭행으로 검거되었지만 구속은 129명에 불과했다. 대부분은 집행유예나 벌금형에 그쳤다. 운전 중 폭행 피해자가 처한 위험은 죽음 직전까지 도달할 수 있지만 우리나라의 법은 늘 가해자에게 관용을 베풀었다.

중요한 건 그에 대한 사법적 응징이 내가 가진 개별적 정의와는 별개라는 것이다. 내가 집중해서 다시 되돌려 놓아야 하는 건 사건 이전 내가 힘껏 만들어 놓았던 나와 가족을 중심으로 평화롭던 일상이다. 그게 바로 내가 찾아야 할 정의다. 겨우 20분짜리 폭력으로 온

전했던 일상이 회복되지 못하는 건 스스로 용서할 수 없는 비겁한 도피였다.

가해자의 진정 어린 사과는 바라지 않고 그걸 받아줄 생각도 없다. 대부분의 주취 폭력은 습관적으로 반복되는 병리 현상이다. 통계를 벗어나지 않는다면 그는 집행유예나 벌금형으로 모든 죄를 탕감받고 다시 아무렇지 않게 술 마시던 일상으로 편안하게 돌아갈 것이다.

그런 병적 행동이 폭력을 앞세워 우연히 내 삶에 파고들었고 나는 속절없이 당했다. 나는 스스로 상처를 씻었고 약을 발랐다. 이제 남은 건 거기 새살이 돋는 일이다. 그러기까지 얼마의 시간이 더 필요한지 아직 모른다.

나는 오늘도 닥치면 100%가 될 0.007%의 확률게임장에 다시 입장한다. 서울에서 택시 운전하는 김 모 씨들이 매일 당면하는 어쩔 수 없는 현실이다. 2025년을 살아가는 택시 노동자에게 법은 멀고 주먹은 가깝다.

'은퇴 없는 일자리'의 이면

 과도한 사납금에 시달리는 법인택시 기사들의 가장 큰 희망인 개인택시는, 비싸다. 전국적으로 신규발급이 거의 중단된 지 오래인 개인택시 면허가격이 가장 싼 대구가 5천만 원이고 가장 비싼 세종은 2억 원이 넘는다. 십 년 넘게 8천만 원대였던 서울조차 작년부터 가파르게 오르기 시작해서 2024년 5월 1억 2천만 원을 넘어섰다.

 수요와 공급 원리로 작동되는 개인택시 시장이 이처럼 요동치는 이유는 법인택시 기사 외에 일반인에게도 문을 열어 준 택시자격 완화(2021년)와 더불어 인구밀집도가 높고 국민연금 보장액이 낮은 1960~1970년대생의 은퇴 시기와도 맞물린 때문으로 짐작한다.

개인택시 면허 2억 시대, 기사들의 마지막 희망

택시회사가 연명해 온 고질적인 저임금 구조에서 근근이 살아온 법인택시 기사들이 억대의 목돈을 마련하는 일은 쉽지 않다. 이런 사람들에게 새로운 선택지가 있다. 협동조합택시다.

협동조합은 비슷한 목적을 가진 사람들이 공동의 이익을 위해 공동출자를 해서 만든 사업체다. 때문에 운영상 민주적 원칙이 지켜져야 하고 동일선상의 경제적 참여가 이루어져야 하며 일반 회사와 달리 모든 조합원에게 경영관련 정보공개가 투명하게 이루어져야 한다. 공정과 연대의 정신으로 뿌리 내린 모두의 이익을 위한 공공선에의 합목적성이 있어야 함은 물론이다.

18년 전 귀농했던 곳은 생태공동체를 지향하는 기획마을이었다. 기반시설도 마무리가 안 된 마을에 시골과 공동체라는 이상향에 끌려 먼저 내려왔던 몇 가정이 사전 공부도 부족한 상태에서 순진한 마음으로 밥상공동체를 시도했다.

마을 식당에서 함께 밥을 짓고 나누며 따뜻한 연대의 기쁨을 나눌 줄로만 알았는데 며칠 만에 전혀 생각지도 못한 상황이 발생했다. 그러니까 나는 김치찌개를 되게 좋아했고 다른 사람은 그걸 싫어했다. 대신 그는 나에게는 생소한 생선찌개를 좋아했다. 말하자면 서로 식성이 달라도 너무 달랐다.

서로가 며칠은 티를 안 내고 꾸역꾸역 먹어주다가 누가 먼저인지 모르게 말을 꺼냈다. 사람에게 먹는 일이 얼마나 귀한 즐거움인데 그걸 참아내기는 어려운 일이었고 행복을 찾아 어렵게 내려온 시골에서 굳이 그럴 이유도 없었다.

또 밥상공동체를 했던 이유가 사람 살리는 밥을 나누며 연대의 따뜻함을 알자는 거였지 밥상공동체 자체는 아니었기 때문에 시작하고 몇 주 만에 원만하게 각자의 밥상으로 돌아갔다. 이 경험으로 내가 깨달은 건 이념이나 이상이란 것이 겨우 김치찌개 하나로 무너질 수 있다는 사실이었다. 그때까지 비교적 완전한 줄 알았던 인간의 연약함을 늦게라도 발견할 수 있어 다행이었다.

인간은 매우 이성적인 존재지만 결국은 가슴에서 수렴이 되어야 하는 감정의 동물이다. 그러니까 내가 좋아하는 김치찌개 대신 함께하는 작은 연대를 포기할 수도 있는 것이다. 또는 그게 개인에 따라 바람직하지 않을 수도 있다. 공동체가 맞지 않는 성향의 사람도 얼마든지 있다. 그게 나라는 걸 나중에야 깨달았지만.

비슷한 시기에 전국적으로 귀농 바람이 일고 있었다. 지금 생각해보면 선생들의 권위주의와 폭력으로 야만적인 교실을 경험했던 86세대의 공교육에 대한 공포가 자녀들에게 투사되어 나타난 현상이 대안학교였던 것과 같은 이치다. 그러니 그 자녀들이 성장해서 떠난 대안교육 현장이 세대교체를 이루지 못하고 쇠락해간다.

아무튼 당시 나이 40대 전후의, 20~30대 나이에 이미 기존 질서를 무너뜨린 집단기억을 가진 86세대들 중에 삭막한 도시생활과 비정한 자본주의의 대안으로 귀농을 적극 선택한 사람들이 무더기로 나타났다. 그런 분위기를 일찌감치 감지한 동물적인 감각의 사업자들이 가만 있지 않았다.

인터넷에 귀농귀촌을 검색하면 관련된 수많은 정보들 중에 86세대들이 혹할 만한 생태, 대안교육, 경제공동체 등의 이념과 목적 등이 엄숙하고 진지하게 쓰인 홈페이지 아래 생태마을을 만든다며 멀쩡한 산을 깎아 만든 전원마을이 그림처럼 그려지곤 했었다.

그 사업자는 20대 시절 이념에 포획된 경험이 있는 86세대의 이성과 감성을 정확하게 포착했던 것이다.

그중 일부는 엄숙하고 진지한 이념과 목적을 지키려고 노력했지만 대체로 엄숙하고 진지한 이념은 사업자의 이익을 위해 소비되는 도구에 불과했다.

협동조합은 비정한 자본주의의 대안으로 만들어진 경제공동체다. 2011년 협동조합기본법이 국회를 통과하면서 불었던 협동조합 바람이 택시업계에도 일어났다. 2015년 박계동 전 국회의원이 서울에서 '한국택시협동조합'이란 이름으로 첫 출범을 한 이후 2025년 현재 전국적으로 140여 개로 급증해 있다.

협동조합택시는 법인택시와 개인택시의 중간 층위에 위치해 있다. 탈퇴 시 돌려받을 수 있는 출자금을 내고 조합원이 된 후 일정액의 월 회비를 내면 운행 수익은 개인이 가져가는 형태다. 대체로 서울 개인택시 면허가격의 절반 이하인 출자금만 있으면 사납금이라는 족쇄를 풀어버릴 수 있다는 사실만으로도 개인택시가 어려운 법인택시 기사들에게는 동굴 끝에 비치는 빛이다.

협동조합택시의 양극단

하지만 인터넷 검색창에 오르는 택시협동조합 관련 뉴스 기사를 보면 조합의 실체가 양극단을 오가는 우려스러운 수준이다. 검색창에 떠 있는 기사 제목 몇 개만 옮겨보면 다음과 같다.

'법인택시 대안 아니었어요? 한순간에 박살 난 택시조합'
(KBS, 2023.08.05)
"출자금도 못 돌려줘' 협동조합택시 제도개선 시급' (KBS 대구, 2023.04.26)
'취지는 택시 협동조합 운영은 사납금제 판박이' (중도일보, 2023.08.07)
'조합금 70억 원만 날리고 청산이라니… 개인이 조합의 경영권을 독점한 데서 시작' (KBS, 2023.08.05)

제목만 읽어도 앞뒤 상황이 비디오처럼 보여진다. 이와는 상반된 기사들도 있다.

'안산 택시협동조합 "사납금 하나 없앴더니, 많은 게 달라졌다."' (경향신문, 2024.03.20)

이 기사에서 이신택 이사장과 홍석표 이사는 출범 6개월 만에 전국에서 가장 규모가 큰 택시협동조합으로 성장한 이유를 '상호간의 신뢰라는 협동조합 원칙을 지킨 결과'라고 말했다. 너무 뻔한 대답이지만 나는 이 말을 진지하게 사실로 받아들인다. 이 조합은 출자금이 5,500만 원, 조합원이 매달 내는 관리비는 80만 원이었다. 울산에도 비슷한 사례가 있다.

'사납금 걱정없는 '택시협동조합'업계 위기 돌파구 될까'
(울산매일, 2024.02.27)

택시협동조합 '해오름교통' 한희창 이사장은 그 이유를 "매달 소정의 관리비를 제외한 모든 수익을 조합원들에게 배당하는 데다 사납금도 없어 가능한 부분"이라고 기사는 전한다. 법인택시 경험이 있고 개인택시를 하는 나는 사납금 대목에서 그 가능성을 십분 이해한다.

두 조합이 순항하는 이유는 법인택시의 고질병인 사납금을 없앤 것과 함께 협동조합 본래의 이념에 충실한 결과다. 그게 무너지는 순간 언제라도 순항은 멈춘다. 해서 경제공동체인 협동조합의 이념을 되새기는 기회를 정기적으로 가지는 한편 조합운영진과 조합원 상호간 견제장치를 단단하게 해야 한다.

또한 조합원 모두의 경제공동체인 협동조합의 성패

는 앞서 기술한 '공정과 연대의 정신으로 뿌리내린 모두의 이익을 위한 공공선에의 합목적성'에 충실했는가에 달려 있다고 할 수 있다. 쉽게 말하자면 경제공동체의 이익이 공정하게 배분되었는가 아니면 사적 이익으로 숨겨졌는가이다.

2018년부터 2020년까지 지방에 있는 택시협동조합에 출자해서 운전대를 잡았던 선배에게 최근 들었던 생생한 사례가 있다. 법인택시 상무를 했던 사람들 몇 명이 조합을 설립하고 조합원을 모집했다. 50명이 모였다. 차 한 대에 2인이 교대하는 경우는 2천만 원, 1인 1차는 4천만 원을 출자했다. 위 기사에서 언급한 안산택시협동조합에 비해 출자금이 적은 대신 이 조합은 월정액이 아닌 기준금으로 하루 12만 원을 받았다. 사실상 사납금이었다.

정관에는 협동조합의 정신과 이상을 아름답게 썼지만 실제 조합 운영은 오랫동안 택시회사에서 익힌 구태를 답습했다. 운영은 조합위원장과 그 수하들로 채워진 임원들이 속닥여서 했고 운영현황은 공개하지 않았다. 문제를 제기하는 조합원은 징계, 해고했고 똑똑한 조합원은 조합비를 돌려주고 내쫓았다. 분쟁이 일어났고 각종 소송이 열 개가 넘게 걸렸다가 결국 위원장을 포함한 운영진은 법적으로 쫓겨났고 조합원 내에서 새로운 운영진이 선출됐다.

협동조합 정신에 공감하고 동의했고, 법인택시보다는 훨씬 나은 환경에서 경제공동체의 정신과 목적을 같이하는 동료들과 동고동락하는 택시 운전사이기를 기대했던 선배에게 닥친 건 내분과 알력과 소송이었다. 2년 동안 그 선배가 감당해야 했던 감정소모는 둘째치고 노동수탈적 법인택시 업계를 뒤집을 수 있는 택시협동조합의 아름다운 정신이 그런 식으로 소모되고 소비되는 현장을 목격하는 건 견디기 어려운 마음이었다고 고백했다.

협동조합을 위장한 약탈적 사업자에게 똑똑한 조합원으로 분류되었던 선배는 다행히 출자금을 전부 돌려받고 택시협동조합을 탈퇴했다. 선배는 전국에 있는 140여 개 조합 중에 제법 많은 수가 기존 택시회사 임원 출신들임을 강조하면서 그 관성으로 운영되는 협동조합택시가 잘 굴러가기가 쉽지 않을 거라 우려했다. 김치찌개 하나 양보하지 못한 공동체 정신의 소유자인 나는 선배의 말에 고개를 주억거렸다.

지금도 법인택시에서는 탈출해야겠고 개인택시를 사기엔 역부족인 사람들은 매우 절실하게 택시협동조합 문을 두드린다. 협동조합의 이념이나 목적성에 앞서 자금 부족이나 개인택시 면허가격의 불안정성을 의심하는 사람들에게는 더할 수 없는 현실적인 선택이기 때문이다.

진정한 은퇴 없는 행복한 일자리가 되려면

2025년은 택시협동조합이 우리나라에서 시작된 지 10년이 되는 해다. 전국에 걸쳐 폭발적으로 늘어난 택시협동조합을 알리는 홈페이지에는 자율적·자발적이고, 수익을 증대시킬 수 있으며, 출자지분을 양도·양수할 수도 있고, 은퇴 없는 행복한 일자리이며, 프랜차이즈를 통한 부가사업으로 추가 수익까지 올릴 수 있다는 아름다운 단어들의 향연이 펼쳐져 있다.

하지만 그 이면에는 출자조합원을 근로기준법상 근로자로 구분할 수 있는지, 협동조합에서 조합원과 합의된 계약으로 운영되는 일 기준금이 사실상 법에서 금지하는 사납금과 어떻게 다른지, 퇴사한 조합원에게 돌려주지 않는 출자금을 계속 사적 계약 문제로만 방치할 건지, 조합운영진의 공적 관리 주체나 부실 택시조합 처리 문제 등 법으로 보완하고 공공에서 해결해야 할 문제들이 산적해 있다.

그것과 상관없이 이제 법인택시에서 행해지는 '주 69시간 근무제'보다 더한 주 72시간 노동은 사라져야 한다. 아울러 택시노동자에게 전가되는 전근대적인 노동수탈 구조의 근간인 변종사납금제 역시 택시 현장에서 완전하게 치워져야 한다.

그러나 2024년 8월 20일 전국적으로 시행 예정이었던 주 40시간 완전월급제는 법인회사의 거센 반대에 부딪혀 시행 하루 전인 19일, 여야 간 합의로 2년 유예되었다. 이런 와중에 택시업계 일부는 자연스럽게 택시협동조합으로의 변화도 모색 중에 있다는 소식이다.

각자 현실적인 대안을 찾고 있는 택시협동조합은 택시 이전에 모두의 이익을 위한 공정과 연대의 경제공동체로서의 협동조합 정신을 분명하게 천명하고, 실천하려는 방법들이 공정거래위원회의 표준계약서와 같은 방식으로 먼저 구체화되어야 한다.

오직 사적 이익에만 관심 있는 사업자들이나 노동수탈에 익숙한 오랜 택시사업자들의 묵은 관행으로 운영되는 택시협동조합의 피해가 이미 많은 언론기사를 통해서도 드러나고 있기 때문이다.

은퇴 후 개인택시를
고민하는 분들께

"개인택시 어때요?"

가끔 은퇴 전후 시기에 있는 사람들이 직업으로서의 개인택시에 관해 묻는다. 돈은 얼마나 벌 수 있느냐가 핵심이겠지만 그러기까지 겪어야 할 고난과 역경은 무엇인지에 대한 질문도 빼놓지 않는다.

은퇴 후를 고민하는 이들은 몇십 년 사회생활을 하며 온갖 일을 경험한 터라 질문이 막연하지 않고 구체적이다. 얼마 전에는 평범한 사무직 회사원으로 보이는 50대 여성이 택시에 타서 내릴 때까지 조목조목 개인택시에 대해 물어보는데 벌써 아는 게 많았다.

운전대를 잡는 이가 본인인지 남편인지는 모르겠지만 진지하게 따져보는 중이라는 걸 알 수 있었다. 요즘 부쩍 이런 사람들이 많아진 이유가 있다.

2021년부터 차종과 관계없이 일반 운전면허로 5년 무사고인 사람도 일주일 양수 교육만 받으면 개인택시를 살 수 있게 되었다. 법인택시 무사고 3년 경력이라는 문턱이 하루아침에 사라지면서 개인택시 희망자가 급증했다는 사실은 3수, 4수도 힘들다는 개인택시 양수 교육 예약 전쟁이 대신 말해주고 있다.

국가통계포털(KOSIS)에 따르면 2024년 65세 이상 노인 인구는 993만여 명으로 전체 인구의 19.2%를 차지하고 있고 2025년이면 20%를 넘어 초고령사회로 진입하게 된다. 은퇴 후 직업으로 개인택시를 고민하는 사람들이 점점 더 많아질 수밖에 없는 흐름이다.

로망과 현실의 간극

지난달 택시에 탔던 점잖은 한 노인의 독백 같은 말이 인상적이었다. 우리 사회에서 은퇴 후 삶에 대한 보편적 고민을 담고 있었다.

"기사님, 제가 교육직에만 30년을 있다 은퇴했는데요. 한 1년은 정말 행복하게 놀았습니다. 그런데 1년이 지나니 노는 것도 지루하고 목적도 없는 무료한 삶이 견디기 힘들어서요. 제가 잘하는 문서 작성이나 엑셀을 활용할 수 있는 직장을 찾았는데 안 써줍니다. 조금

능력이 떨어져도 소통이 편한 젊은 사람을 쓴다는 거예요. 그래서 경비 일이라도 하려고 자격증 따서 면접을 봤는데 이번에는 경력자에게 밀리는 겁니다. 면접관도 평생 순한 일만 하던 사람이 이런 험한 일을 감당할 수 있겠냐고 대놓고 말하고요. 크게 돈 걱정은 없지만 그보다 더한 인생 걱정이 나이 들어 이렇게 닥칠 줄은 몰랐습니다. 일 없는 일상이 고통입니다."

현직에서 죽을 둥 살 둥 일해야 먹고 살 수 있는 사람들에게는 의아하게 들리겠지만 돈 걱정 없이 놀기만 하는 것도 유효기간이란 게 있다. 사람에 따라 다르겠지만 1년 혹은 2년일 수도 있는 그 기간이 분명 존재한다.

오래전 시골로 귀농했을 때 도시에서는 로망이었던 흙길과 산과 들에 만발하는 꽃들과 맑은 공기와 졸졸 흐르는 시냇물이 집 앞에 있다는 사실이 믿기지 않을 만큼 경이로웠다. 그렇게 2년 여의 시간이 흐르면서 자연스럽게 처음의 경이로움이 익숙한 평범함으로 변해 있음을 느꼈을 때의 당혹감을 기억한다.

로망과 현실의 간극은 크다. 예쁜 꽃도 만날 보면 식상해지는 게 연약한 인간의 마음이다. 휴가나 여행은 일하는 중에 보상으로 작용할 때 가질 수 있는 최상의 가치이지 그 자체가 삶이 되는 순간 노인의 말처럼 '지루하고 목적 없는' 시간으로 변하기 쉽다.

예컨대 900cc 뇌 용량을 가진 호모에렉투스가 사라지고 출연한 호모사피엔스의 1450cc 뇌 용량이 20만 년 지난 지금 인류의 뇌 용량과 같다는 사실이 시사하는 바는, 인간의 지성이 직립보행 로봇을 만들어낸 현재도 300만 년 전 시작된 장구한 인류의 진화 과정 안에서 보자면 아직 우리 인간의 몸은 매일 먹을 식량을 구하기 위해 정글 숲을 헤매는 사바나 세계에 머물고 있다는 뜻을 수도 있다.

일이 인간의 몸 안에 깊게 새겨진 생래적 차원의 숙명이라는 이 말의 진의는 진화인류학을 전공하는 이들의 몫으로 남겨 두고 다만 나는 택시를 몰면서 알게 된 극히 주관적인 생각을 쓴다.

택시는 혼자 하는 일이다

택시는 매일 적게는 여섯 시간에서 많게는 열두 시간 이상 운전한다. 택시 운전하는 사람을 유형별로 분류하면 크게 두 종류다. 생계형과 은퇴형이다. 여섯 시간에서 여덟 시간 정도를 운전하는 사람은 돈보다 일이 필요한 사람이고 여덟 시간에서 열두 시간 이상까지도 운전하는 사람은 일보다 돈이 필요한 사람이다.

어떤 유형이든 공통점은 일을 하는 사람이라는 것과 함께 오랜 시간 운전을 한다는 점이다. 내가 택시 운전을 하면서도 오랜 시간 좁은 차 안에서 견딜 수 있는 힘이 무엇일까를 찾아내지 못했는데 저 노인의 말을 곱씹어보니 답이 떠올랐다.

성취였다. 그것도 매번 다른 사람을 낯선 곳에서 태우고 내려주는 작은 성취의 반복이 그걸 가능하게 했다. 말하자면 크든 작든 목적 있는 일의 연속이 시간을 이겨내는 힘이었다. 만약 자동차를 주면서 매일 열 시간을 아무 데고 상관없이 운전만 하라고 한다면 일당을 준다 해도 선뜻 받아들이기 어려울 것이다.

당장 떠오르는 건 견디기 힘든 무료함과 지루함이다. 제아무리 고급 차라도 마찬가지다. 그건 마치 돈 걱정은 없지만 일도 없는 은퇴 후의 지루함과 같다.

매일 택시에 오르면서 시간을 잊고 일을 할 수 있는 이유였다. 사람을 태우고 내려주고 또 다른 사람을 태우고 내려주는, 매번 새롭게 갱신되는 짧은 시간이 쌓여 하루를 만들었다. 새로운 출발지와 목적지의 무한한 반복이 택시의 운명이었지만 그 반복은 곧 작은 성취의 연속이었다.

내가 아이들에게 원대한 꿈은 오히려 게으름과 포기의 명분이 되니 지금보다 딱 한 계단만 더 높은, 그러니까 지금보다 조금만 더 노력하면 당장 손에 쥘 수 있는 작은 꿈을 가지라고 말해왔던 것도 이와 비슷한 이치였던 셈이다.

그런 성취감이 삶을 한 발짝씩 앞으로 나아가게 만들었고 그 발걸음의 총합이 잘나든 못나든 지금 내가 사는 삶의 모습이다. 그런 발자국을 만드는 일이 오래 지속되기 위해서는 적성에 맞는 일이면 더 좋겠다. 말하자면 로망이 현실이 되어도 동요 없이 지속되는 삶이다.

택시는 혼자 하는 일이다. 개인택시는 일과 보상을 스스로 정한다. 돈 버는 방식은 단순하고 매출도 그만큼 정직하다. 열심히 하면 보상을 많이 받고 게으르면 보상이 적다. 택시가 가진 독립성과 단순성은 내 성향과 맞았다.

나는 복잡하게 돈 버는 일은 하지 못하지만 무슨 일이든 성실하게 하려 노력한다. 그게 아니라도 나이 들어 돈은 단순하게 벌고 머리는 맑게 쓰자 했다. 택시가 가진 독립적 노동과 단순한 매출구조는 내 적성에 맞다.

과거 회사에 다닐 때 점심시간이 곤혹스러웠다. 지

금은 밥값을 각자 내는 차이만 있지 이삼십 년 전에도 회사 점심은 동료들과 어울려 먹는 게 자연스러운 문화였다. 그때도 나는 점심시간 직전에 먼저 조심스레 자리를 떠서 혼자 식당으로 향했다. 손에는 언제나 그날 신문이 들려 있었다.

혼잡한 식당 거리를 지나 일부러 외진 단골 식당을 찾아 백반을 먹으면서 네 번 접은 신문을 돌려가며 읽는 시간이 내겐 가장 황홀한 시간이었다. 정말 좋았던 것이 활자인지 혼자인지 모르겠지만 지금도 읽는 것과 혼자 있는 시간을 좋아하는 걸 보면 나는 그냥 그런 사람이었다. 하지만 당시 점심 문화에서 혼밥하는 나는 참 이상한 사람이었다.

게다가 아내에게는 매우 미안하지만 나는 부동산이나 주식 등 '투자'라는 단어에 전혀 관심이 없는 자본주의적이지 못한 사람이고 돈과 관련해서는 더욱 복잡한 것이 꺼려지는 단순한 사람이다. 다만 주어진 일을 정직하고 성실하게 하려 노력하고 보상까지 정직하면 더없이 만족하는 성향이다.

개인택시를 하기 전 법인택시를 해보라

회사와 도시를 떠났던 40대 이후로 단순노동에 끌

렸던 이유가 있었다. 택시가 20대 후반에 한 번, 제주에 살던 40대 후반에 또 한 번, 그러다 서울로 와서 60살을 바라보는 지금 다시 직업으로 다가온 것이 결코 우연만은 아니다. 혼자 일하고 단순하게 노동하며 일하는 만큼 벌 수 있는 직업에 대한 선망이 자연스럽게 나를 개인택시로 이끌었다.

나이 들어 현역에서 은퇴하면 개인택시를 사서 일을 놓치지 않되 자유롭게 살겠다는 소망은 불과 몇 년 전만 해도 내가 아이들에게 가지지 말라 했던 원대한 꿈이었다. 법인택시 3년 무사고 경력과 억대에 이르는 면허 값은 내가 넘어서기 어려운 벽이었다.

그런데 자격요건이 완화되었고 어렵사리 돈도 마련되어 60살이 안 된 좀 이른 나이에 개인택시를 시작할 수 있었다. 로망이 현실이 되었다고 할 수도 있겠지만 돈을 주고 몸까지 쓰면서 실패한 귀농에서 (농사는 내게 맞는 직업이 아니었다는 것과 함께) 배운 바를 나는 잊지 않았다.

1년 6개월간 투잡으로 법인택시를 운전하며 택시가 내 삶이 되었을 때의 현실을 미리 체험해 본 후였다. 두 가지 일을 해내느라 고단하고 고통스러운 시간이었지만 평범한 일상에서는 상상하기 어려운 진상손님도 감수할 수 있을 만큼 택시를 해도 괜찮겠다는 결론을 얻을 수 있는 귀한 시간이었다.

내 생에 일할 수 있는 시간을 나와 함께할 택시라는 직업을 사람들이 물을 때 나는 선뜻 해보라고 권하지 못한다. 내가 아는, 설명할 수 있는 사실만을 전달한다. 그저 손님을 태우고 내리는 단순한 노동처럼 보이지만 말로 설명되지 않는 비언어의 영역이 택시 안에도 존재한다.

그건 당사자가 직접 체험해 보지 않으면 알 수 없는 매우 주관적인 영역이다. 똑같은 경험도 해석은 각자 다를 수 있다. 우린 각자가 너무 다른 존재이고 너무 다른 삶을 살았기 때문이다. 그러니 우선은 확정적이지 않은 조건에서의 사전 경험이 중요하다는 것만큼은 분명하게 말할 수 있다. 말하자면 개인택시를 하기 전 법인택시를 해보라는 말이다.

그리고 어디까지나 내가 살아온 인생의 경험으로 말한다면 "개인택시 어때요?"라는 질문에 대한 내 대답은 다음과 같다.

"저는 괜찮습니다만…"

2장
택시 운전석에서 목격한 세상

강남에서만 보이는 것들

 업계 용어로 '강남바리'라는 단어가 있다. 택시 하는 사람들은 모두 아는 은어다. 운행이 강남권 안에서 계속 이어지는 것을 말한다. 택시 기사들이 선호하는 코스다. 강남은 길이 넓고 평평한 데다 직선이라 (정체 시간만 아니라면) 운전이 까다롭지 않다. 게다가 손님이 끊김 없이 이어진다.

 생활권이 너무 다른 이질감 때문에 강남을 일부러 피하는 택시 기사도 더러 있지만 대체로는 돈이 되기 때문에 몇 시간씩의 강남바리를 기대하며 운행한다. 그러다 강북이나 강서나 강동으로 가자는 손님이 탑승하면 강남바리가 끝나는데, 이어서 강북바리나 강서 혹은 강동바리를 했다는 말을 들을 일은 별로 없다.

 이유는 손님이 강남처럼 계속 이어지지 않고 드문드문한 데다, 길이 좁고 복잡할 뿐만 아니라 골목과 언덕길도 많아 택시 기사 입장에서는 운전은 힘들고 돈도 안 되기 때문이다. 해서 강남바리는 자연스럽게 입에 붙지만 강북이나 강서 혹은 강동바리란 단어는 왠지 어색하고 적절치 못한 용어라는 느낌마저 든다. 부인할 수 없이 택시도 예외는 아니다. 모든 길은 강남을 향한다.

택시 운전을 하다 보면 강남에서만 보이는 장면들이 또 있다. 강남·신사·논현역을 중심으로 얼굴이 비슷해 보이는 성형미인들이 흔하다. 늦은 밤 신사에서 청담 방향 대로변 빌딩 앞에 빨갛거나 파랗게 불을 밝힌 작은 천막은 대리주차를 하거나 입구를 지키는 룸살롱 직원들의 대기 장소다.

미국이나 캐나다 대학이 방학하는 시즌이면 압구정 로데오 밤거리를 유학생들이 활보한다. 어떻게 아냐면 공부보다는 유학이 더 중요해 보이는 이 부잣집 젊은이들의 대화가 한국말이 섞인 영어이기 때문이다. 영어가 섞인 한국말이 아니다.

낮에 청담동에서 대치동 학원으로 가는 아이 손을 잡고 택시를 타는 사람은 보모인 조선족 이모들이고, 저녁 열 시 무렵 대치동 학원가 인도는 금요일 퇴근 시간 지하철 환승역처럼 이동하는 학생들 머리로 빽빽한

진풍경이 펼쳐진다.

한 평짜리 좁은 차 안이지만 길을 누비다 보면 자연스럽게 우리가 몰랐던 세상이 보인다. 30년 전에도 그랬다. 그땐 좁은 차가 아니고 우람한 건물이었다.

식은땀 나는 광경

1993년부터 호텔리어로 2년을 살았다. 군 제대 후 일 년이 지나 스물여덟이었다. 운동권의 원심력 안에 있었고 복학을 미루고 있을 때였다. 1987년 민주화의 열기가 식지 않은, 그래서 세상은 여전히 어수선한 김영삼 대통령 시절이었다.

커피숍, 연회장, 룸서비스 등을 몇 개월 단위로 순환 근무하는 식음료부 소속이었다. 지역에서 유일한 5성급 호텔이었고 지하에는 나이트클럽이 있었다. 지역의 지하 세계는 몇 개의 폭력조직이 분할하여 서로 견제하며 지배하고 있었고, 호텔도 예외는 아니었다.

두목은 감옥에 있다 했고 부두목이 커피숍에 자주 나타났다. 그가 앉아 있으면 가끔 한눈에 봐도 '깡패'처럼 보이는 '어깨'들이 입구에서 달려와 허리를 90도로 꺾는 형님인사를 했다. 그가 있으면 작은 조폭들은 얼씬도 하지 않았다. 들리는 말로는 호텔에서 보호비로 당시 돈으로 매달 500만 원을 준다고 했다.

어느 날은 밑에 지방 폭력조직과 연합 엠티를 한다고 호텔 객실 한층을 모두 전세 내어 하룻밤을 놀다 가기도 했다. 하필이면 나는 그때 야간 룸서비스를 맡았다. 한숨도 못 자고 날을 꼬박 새우면서 한 일이 팬티만 입고 문신 가득한 몸을 드러낸 채 카드 도박을 하는 그들 방에 오므라이스를 배달하는 일이었다.

왜 오므라이스였냐 하면 마침 배가 출출했던 조폭 한 명이 오므라이스 하나를 시켜서 가져갔더니 옆에 조폭이 보니까 먹고 싶다고 주문하고, 주문하는 걸 보던 다른 조폭들도 그럼 나도 먹겠다며 연달아 시켰고, 기어이 그게 방에서 방으로 연기처럼 퍼져버렸기 때문이었다.

보통 사람은 억 소리 나는, 부가세 포함 7,700원짜리 호텔 밥값으로 현금 만 원을 주면서 처음 주문을 시작했던 스무 살 갓 넘어 보이는 어린 깡패의 "고생했다 잔돈은 팁이다"라는 가오 넘치던 격려의 말도 연기처럼 퍼져나갔다. 덕분에 오므라이스 한 개당 2,300원이던 팁이 밤을 새우고 나니 10만 원이 넘어 우악스러운 분위기에 반말 찌꺼기로 무너졌던 자존심이 겨우 돈이나 세면서 치유되던 나를 지금도 기억한다.

연회장에 있을 때 우리나라에서 손가락에 꼽는 재벌 가족 조찬을 서빙한 적이 있었다. 며칠 전부터 양복을 입은, 영락없는 회사원들이 조명부터 테이블 위치와 호텔 내 동선까지 꼼꼼하게 확인하는 것을 보고 재벌은 아침 식사법도 다르구나, 라는 생각이 들었다. 밥 한 끼 먹는 데 그렇게까지 긴장되고 진지한 표정을 짓는 아랫사람들 모습을 보면서 겨우 서빙이나 하는 내가 측은지심이 들 정도였다. 식은땀을 안 흘렸을 뿐 내겐 식은땀 나는 광경이었다.

호텔에서 목격한 부조리한 세상

호텔에서 본 세상은 이것뿐이 아니었다. 지역에서 유일한 5성급 호텔이다 보니 사업하는 사람들과 고위 공무원, 선출직 권력자들이 부지런히 오갔다. 그 작은 지방에 조찬모임을 포함한 각종 모임이 그렇게나 많다는 사실에 놀랐다. 검찰이나 경찰 혹은 시군구 등에 적을 둔 각종 민간위원회뿐만 아니다.

성공한 시니어들이 사회에 봉사한다는 굵직한 클럽 두 개가 주 단위 혹은 월 단위로 호텔에서 정기모임을 했다. 그의 아들딸들은 주니어 모임을 호텔에서 열었고 국제 교류를 위해 외국 회원들을 초대해 호텔에서 환영했다.

대를 잇고 국적을 초월하는 네트워크였다. 경찰, 검찰 이름을 단 민간위원회 조찬모임 때 서빙하면서 봤던 사람들이 낮에는 커피숍에서 사업 미팅을 하고 저녁 클럽 모임에도 얼굴을 보였다.

어느 날 낮에 룸서비스로 불려 올라간 객실에서 건설사 사장과 고위 공무원 등 이미 호텔에서 익숙해진 얼굴들이 옆에 벽돌처럼 현금을 쌓아 두고 화투장을 돌리고 있었다. 명예와 권위와 품격으로 치장됐던 그들의 민낯을 보니 헛웃음이 나왔다. 그들이 돌리고 있는 것이 화투장만이 아니라는 것쯤 짐작하고도 남았다.

어떤 날은 머리가 허연 일본 노인들이 호텔에서 가장 큰 연회장을 빌려 행사를 했다. 몇 사람이 나와 마이크를 잡고 회상 어린 표정으로 담담하게 말을 하고 마지막에는 다 함께 눈물 젖은 합창곡을 불렀다. 알고 보니 일제강점기에 이 지역 초등학교를 다녔던 일본인들이 바다를 건너와 하는 동창 모임이었고 그들이 부른 합창곡은 어린 시절 학교를 다니면서 불렀던 교가였다.

우리에게 아픈 역사의 현장이 그들에게는 그저 유

년 시절 추억이 깊이 배인 향수 어린 고장이었다. 그때 연회장 한 구석에서 나비넥타이 차림으로 있던 (아직은 운동권이었던) 나는 한때 제국주의 국가의 신민이었고 어린 학동이었던 그들의 동창회를 만감 어린 표정으로 바라보고 있었다.

행사를 마치고 각종 경비 목록이 적힌 문서에 병에 남은 술의 찰랑거리는 지점까지를 기록하는 노인의 침착함이 잊히지 않는다. 우리는 남은 술은 응당 버리는 게 자연스러운데, 남은 술을 기록하는 노인을 보면서 그래서 우리에게서 버려지는 것들이 과연 남은 술뿐일까라는 반성 어린 의문이 들었었다.

30년 전 사회 초년생이었던 내가 호텔에서 목격한 세상은 부조리했다. 당시 지역을 주름잡던 지방 토호와 세력가들은 보통 사람들은 쉽게 드나들 수 없는 호텔 안에서 조찬을 즐기고 도박을 하고 이익을 나누었다. 지하 세계를 주름잡던 조폭들도 호텔 안에서 온갖 야사를 만들어냈다. 한때 침략국의 어린이였던 노인들은 식민지 호텔에서 동창회를 열었다.

먹고사는 것도 힘에 겨운 보통 사람들이 발 들일 일 없는 호텔에서는 그들이 전혀 알 수 없는 다른 세상이 펼쳐지고 있었다. 30년이 지난 지금은 절대로 그럴 일 없는 장면이라고 믿고 싶다. 그런 또 하나의 모습이 있다.

탐욕은 변하지 않았다

신학기가 되면 연회장에는 사립 중·고등학교 학부모회에서 주최하는 사은회가 열렸다. 대기업 초봉이 60만 원이던 당시 돈으로 인당 몇만 원짜리 뷔페를 차려 놓은 한편에 노래방 기기가 놓이거나 밴드가 불려 오기도 했다.

학부모회 임원과 선생님들은 한데 어울려 먹고 마시고 노래하면서 새로운 학기를 축하하고 선생님들의 노고를 미리 치하했다. 그리고 집으로 돌아가는 선생님들 손에 귀한 선물과 하얀 봉투가 든 커다란 쇼핑백을 들려 보냈다.

학부모회 임원들이 학기 초에 미리 감사하며 베풀었던 사은회에 대해 선생님들은 학기 말에 어떻게 보답했을지 역시 미루어 짐작하고도 남았다. 학기 때마다 돈봉투가 예사였던 당시 학교문화를 가장 극적으로 보여준 장면이었다. 학부모들에게 사은을 받은 선생님들은 다시 제자들에게 사은했다. 그때는 세상 돌아가는 이치가 그랬다.

그로부터 30년이 흐른 2023년 9월 〈연합뉴스〉가 전한 소식은 다음과 같다. "입시학원-수능출제 교사 '검은 카르텔'… 최고 5억 받았다". 사교육 업체가 대학수학능력시험 출제 교사들에게 접근해 돈을 주고 모의고사 문항을 산 사실이 드러났다.

다음은 2024년 3월 11일 〈매일경제〉 사회면 기사 제목이다. "학원에 문제 넘긴 현직교사 8명, 7억 챙겨… 말로만 듣던 '입시카르텔' 진짜였네".

기사 내용을 보면 감사원이 수사 의뢰한 관계자는 총 56명이다. 현직 교사 27명, 사교육 종사자 23명, 대학교수 1명, 평가원 직원 4명, 전직 입학사정관 1명 등이 포함됐다. 감사원 관계자는 "이런 분들이 문제를 만들어 (사교육 시장에) 공급하면 수능 경향이 반영된 문제들이 나올 수밖에 없으니 문제가 심각하다"라고 말했다.

사교육 시장은 킬러문항을 사들여 일타강사를 만들었고 부자 학부모는 억 소리 나는 돈을 주고 그들에게 자식들 수능시험을 맡겼다. 30년 전에는 그래도 사은회라는 그럴싸한 명분이라도 내세웠는데, 이제는 아예 노골적이고 조직적으로 시험문제를 사고파는 지경에 이르렀다.

30년 전이나 지금이나 제 자식을 위한 그릇된 부자들의 탐욕은 변하지 않았다. "서울대·전국 의대 정시 신입생 5명 중 1명은 강남 출신". 2023년 5월 9일 자 〈연합뉴스〉 소식이다. 오늘도 모든 길은 강남을 향한다. '강남바리'는 택시만이 아닌 지금 세상을 사는 모두의 욕망이다.

하버드대 교수 마이클 샌델은 자신의 책 『공정하다는 착각』 서문에 이렇게 썼다.

세계화에서 비롯된 승패와 정치 분열 등의 문제는 더 이상 '좌냐 우냐'의 구분으로 따질 수 없게 되었다. 그보다는 '열려 있느냐 닫혀 있느냐'로 따져야 할 것이다. 열린 세계에서의 성공은 교육에, 즉 세계 경제 환경에서 경쟁하고 이길 수 있는 능력을 갖추는 데 달려 있다. 그것은 각국 정부가 성공에 결정적 역할을 하는 교육 기회를 반드시 균등하게 관리해야 함을 뜻한다.

택시 안에서 생각하는
우리 사회의 부조리

    2023년 9월 택시 운전을 시작하고 2024년 7월 14일까지 5,468건의 호출을 받았다. 평균 두 명이 탑승했다고 가정하면 10개월 동안 1만 5,256명이 내 택시를 타고 내렸다.

    이 중에서 드물게 대화를 나누었던 기억 나지 않은 사람들이 여럿 있지만 내게 정치 이야기를 한 사람은 정확하게 기억한다. 세 명이다. 여자 하나 남자 둘. 셋 중 60대 후반의 둘은 여당 지지자였고 40대 초반의 남성은 야당이었다(모수가 너무 적지만 여기서도 세대 간 정치 지형이 엿보인다).

    다른 택시 기사는 어떨지 모르겠는데 내 경험을 기준으로 하면 확실히 요즘 택시 안 대화 문화는 사라졌다 해도 과하지 않다. 사라진 풍경을 다시 불러낸 이들

세 사람의 공통점은 상대 지도자에 대한 분노가 좁은 택시는 감당할 수 없을 만큼 팽배했다는 점이다.

택시를 타고 가는 잠깐 사이 다소 민감한 정치 이야기를 쉽게 꺼내 들었다는 것도 공통점이고 셋 모두 내게 어떤 질문이나 동의 없이 당연히 자기들 편이라는 가정하에 이야기를 전개하는 공통점도 있었다. 그만큼 그들에게 여당이나 야당이 하는 '짓거리'는 당연히 비난받아야 할 상식 밖의 말과 행동이기 때문에 누구든 상대방 편을 든다는 건 도무지 이해하기 어려운 몰상식한 사람으로 여기는 듯했다.

어떤 경우든 상식과 몰상식의 영역 안으로 들어가는 순간 대화와 타협은 배제되고 이기고 지는 싸움만 남는다. 각자의 상식이 승리하는 그날까지. 이 말은 곧 끝나지 않은 싸움이라는 말과 같다. 민주당과 공화당으로 양분되어 미국의 정치 역사를 함께 써 온 양당정치의 한국형 실사판이다.

겉으로는 치열하게 각자의 정의를 자기 땅에 굳건하게 심어 보겠다는 의지의 표상으로 비치는 이 싸움이 실상은 양당정치라는 이분법 구도 속에 시민들을 정치적 볼모로 삼아 자기 이익을 챙겨 온 권력투쟁이라는 건 새삼스러운 주장도 아니다. 말하자면 서로를

적으로 간주한 것처럼 보이는 이 둘이 본질적으로는 적대적 공생관계를 맺어 온 동지인 셈이다.

한국과 미국 정치가 닮은 건 이뿐만 아니다. 성공한 미국 정치인들이 대부분 여야를 가리지 않고 여덟 개 사립대학으로 형성된 아이비리그 출신인 것처럼 우리나라 정치인들도 여야를 가리지 않고 '스카이'를 중심으로 한 '인서울' 출신이다.

'늙고 돈 많은 백인 남성'의 대결장이 된 미국 대통령 선거가 대표하는 미국 정치는 정치자금 동원에 실질적인 제한이 없는 돈 많은 부자들의 대결장이다. 한국도 부자들이 정치를 한다. 이를 입증하는 언론보도가 있다.

2023년 11월 23일 〈뉴스타파〉의 '부자가 지배하는 나라… 공직자 재산 30년치 분석'에 따르면 국회의원 70%가 한국 상위 10% 부자로 밝혀졌고, 상당수 의원들은 지역구와 상관없이 '강남 3구'에 집을 소유하고 있었다. 결국 여의도 국회는 강남 좌파와 강남 우파의 대결장인 셈이다.

나는 인서울 출신으로 강남에 집을 소유한 상위 10% 부자가 정치인이라는 게 문제라고 생각하지 않는다. 다만, 정치인들 대다수가 그런 사람들이라는 건 분명 문제라고 생각한다. 이는 보통의 일상을 살아가는 90% 사람들이 배제되면서 그들의 삶이 정치 행위를 통한 제도와 법률로 적절하게 구조화되지 못하기 때문이다.

예를 들어 부동산 문제의 해법은 강남 3구에서 시작되어야 하는데 그곳에 집을 소유한 10% 부자 정치인이 자기 이익에 반하는 정책에 손을 드는 건 자기 존재의 부정과 같다. 그 사람이 나빠서가 아니라 그 사람을 둘러싼 가족과 각종 이권 등이 복잡하게 얽힌 자기 생존에 대한 본능적인 반응이다. 한국 정치의 우선순위는 10% 안에서 시작된다.

내 마음이 괴이해졌다

과거 지역에서 진보 정당 활동을 했다. 지금은 지리멸렬해졌지만 한때 각광받던 대중정당이었다. 어느 당이든 정당은 궁극적으로 지향하는 사회체제가 있고 그걸 이루기 위한 당의 강령이 있으며 이를 실천하기 위한 조직을 만들고 활동을 한다.

사회주의를 지향하는 대중정당으로 강령을 내세웠던 그곳도 예외 없이 서로 다른 내부 조직이 있었고 크게는 매파와 비둘기파로 나뉘어 여러 사안을 두고 다

투었다. 소속 조직 없이 정당 활동만 했던 나는 개별 사안에 대해 조직의 결정에서 자유로운 입장이었고 늘 정당의 대중성에 우선 기반해야 한다고 생각했다.

나와 달리 조직의 이념과 정당의 강령을 비타협적으로 고수하면서 세계사의 변화에 맞물린 사회의 변화에도 아랑곳하지 않았던 매파의 중심에 있던 사람이 있었다. 성격도 좋았고 주위에서 존경받는 위치에 있었다. 그는 안정적인 직업을 가졌고 부인도 공무원이어서 아이들 건사하며 사는 데 전혀 부족함 없는 상류층이었다.

그런 그가 어느 날 여럿이 편한 자리에서 이야기를 나누다 자기 아파트값이 올랐다고 기쁜 표정으로 말했다. 너무 자연스럽게 만족한 표정의 강경한 마르크스주의자인 그를 바라보는 내 마음이 괴이해졌다.

적어도 사회주의자라면 노동의 가치를 훼손하는 불로소득을 부끄러워해야 마땅한데 아파트 공화국의 현실은 그런 마음마저 무너뜨리는 것 같아 서글프기까지 했다. 큰 이변이 없는 한 오래 부자로 살아남을 그가 가진, 자기 존재의 기반을 배반하는 이념적 경향성은 무엇일까를 깊이 생각했다.

2년 전 투잡으로 고급 대형택시를 운전할 때였다.

본사에서 대절한 내 택시에 지역에서 올라온 대기업 노조원들을 태우고 서울 몇 군데를 돌아다녔다.

나는 운전하고 그들은 쉬지 않고 떠들었다. 같은 공고를 나온 선후배들이 여럿 있었고 학교와 직장 안 위계질서가 있었으며 일반 회사에서는 볼 수 없는 후배의 깍듯한 선배 대우가 인상적이었다. 노조 활동을 하는 생산직이자 정규직이었는데 듣자하니 가장 선배로 보이는 사람은 그 지역에서 가장 좋은 아파트에 살고 비싸고 좋은 차를 타고 있었다.

전형적인 생산직 노동자인 그가 억대 연봉을 받고 좋은 집에서 살 수 있었던 배경에는 같은 일을 하고도 200여만 원을 받는 41%의 비정규직(2023년 노동사회연구원 발표 기준)이 있음을 모르지 않을 터다.

자발적 비정규직을 자처하다 1년 전에 개인택시라는 자영업자로 변신했지만 여전히 가난한 삶을 사는 나는 생산직 노동자인 이 사람의 운 좋은 성공이 부러웠지만, 비정규직 문제 해법이 이 사람의 좋은 집과 차를 절반으로 줄이는 데 있다고 생각하지 않는다.

비정규직 문제의 본질인 노동시장의 이중구조를 통한 기업의 과도한 이윤추구에서 찾아야지 부자 노동자의 탐욕 때문이라는 언설은 불평등한 노동시장의 책임을 노동자에게 전가하는 표퓰리즘적 선동이다. 이는 요즘 자기 이익 챙기기에 더 급급해 보이는 대기업 노조에 대한 비판적 시각과는 별개의 문제다.

아무튼 내가 당시 호형호제하던 그 노조원들의 이야기를 들으면서 높은 연봉에 정년까지 보장된 삶을 살아가는, 경제적으로는 내겐 너무 부러운 이들의 노조 안에 자본주의 철폐와 노동자가 주인 되는 세상을 목표로 하는 그룹이 있다는 걸 생각해 내곤 묘한 감정에 휩싸였다.

누가 보아도 한국 자본주의 혜택을 톡톡히 보고 있는 사람들의 순수한 사회적 열망이라기엔 설명이 부족했다. 어쩌면 그들이 누리는 흔들림 없는 자본의 힘이 바깥 현실과 상관없이 비타협적이고 강경한 주장을 할 수 있는 뒷배일 수 있다고 생각했다.

우리나라 대기업 일자리 비율은 2021년 기준 14%다. 실제 노동조합이 가장 절실한 86%의 노조 조직률은 12.2%에 불과하다. 더군다나 언론을 장식하는 노조 관련 소식은 대부분 대기업 노조에 편중되어 있다.

국회와 언론이 외면하고 있는 중소기업이나 전체 임금노동자 중 17.6%(2021년 기준)에 달하는 5인 미만 사업장에 소속된 400만 노동자의 현실은 최저임금과 만

성적인 고용불안에 시달리는 삶이다.

지금 내게 실재하는 세계

1992년이었다. 이십 대 시절 고향에서 스페어 기사로 법인택시를 운전할 때였다. 아직 혁명운동가로서의 당찬 포부를 안고 있었다. 당시 택시 기본요금이 서울 기준으로는 900원이었고 10원, 50원 동전이 활발하게 유통되던 시기였다. 오전 4시부터 오후 4시까지 오전 반을 할 때는 사납금 채우기도 벅찼다.

예상외로 강도 높은 노동과 벅찬 사납금 때문에 마음에 여유가 사라지고 있었다. 그런 마당에 몇십 원 거슬름돈은 괜찮겠지 하며 당당하게 내리는 손님에게 화딱지가 나고 몇십 원 잔돈을 받지 않고 내리는 손님을 만나면 기쁨이 넘치는 나를 발견하곤 흠칫했다.

명색이 세상을 바꾸겠다는 혁명운동을 하는 내가 겨우 몇십 원 때문에 천당과 나락을 오가는 좀팽이로 변해가는 모습에 자괴감이 들었다. 하지만 당시 내가 일하는 세계를 쥐락펴락했던 단위는 10원, 50원이었다. 오로지 그것이 내 노동의 세계였다. 인간의 생각은 자기 경험의 한계를 벗어나기 힘들다는 걸 나중에 알았다.

임마누엘 칸트가 말했다. "이론 없는 경험은 맹목적이고, 경험 없는 이론은 지적 유희에 불과하다." 사유에는 한계가 없지만 경험이 없는 사유는 삶이 될 수 없었다.

인서울 출신으로 강남 3구에 집을 소유한 상위 10% 부자인 사람들이 여당과 야당으로 나뉘어 권력을 분점해 온 대한민국에서 서민들의 삶인 민생문제가 항상 뒤로 밀리는 이유가 있다. 그들은 90%가 아닌 10%의 세계를 살고 있었다. 오로지 그곳에 실재하는 그들의 삶이 있었다. 강남 아파트, 대치동 학원과 과학고 그리고 의사나 변호사를 향한 그들만의 리그가 펼쳐지는 곳.

그때 그 강경했던 사회주의자는 은퇴한 지금도 좋은 아파트에 살며 부족함 없는 삶을 누리지만 카톡방에서는 잊지 않고 한물간 사회주의 국가의 동향을 올리고 자본주의의 해악을 고발한다. 그렇지만 나는 더 좋은 사회를 향한 그의 선의를 의심하지 않는다. 그는 지금도 좋은 사람이다.

"모든 인간은 완벽하게 불완전하다." 정신과 전문의 정혜신의 2010년 9월 1일 자 〈한겨레〉 칼럼 제목이다. 그녀는 당시 국회 인사청문회를 보면서 '사람에 대한 이상화 경향이 지나치다는 느낌 때문에' '마음이 불편해지곤 한다'라고 썼다.

인간은 불완전한 존재다. 게다가 우리는 각자가 너무 다른 삶의 바탕 위에 존재하고 거기에서 경험을 쌓고 각자 다른 생각을 키운다.

역사가 증명한다. 그런 인간이 만든 세상은 부조리하고 불평등하다. 다만 오랜 역사의 시간으로 보면 세상은 그래도 아주 조금씩 나은 방향으로 진보해 왔다. 그 방향은 언제나 공정하고 평등한 쪽을 향해 있었다. 문제는 그걸 넉넉히 받아들이기엔 개인의 시간이 너무 짧은 찰나의 순간이라는 점이다.

긴 역사의 시간 안에 존재하는 찰나의 내 시간, 우리 사회 90%의 삶을 살아가는 나는 장대비가 쏟아지는 오늘도 내 새끼들 먹이고 입히고 교육시켜야 할 가장으로서의 삶을 위해 빈차등을 켜고 거리를 달린다. 오로지 지금 내게 실재하는 세계다.

'택시' 하면 떠오르는 편견

"씨X."

나도 모르게 욕이 튀어나왔다. 저녁 9시 30분. 일곱 시간째 운전을 하고 있었다. 열 시간 하루 노동 시간 중 2/3를 넘겼다. 졸음이 쏟아지는 시간을 이를 악물고 견디면 졸음이 멈추는 것처럼 몸의 고단함을 견뎌야 하는 시간이었다.

서울 교외에 손님을 내려주고 중심지로 이동하는 중이었다. 한참을 달려 교외를 벗어나려는데 다시 교외에서 부르는 배차 콜이 울렸다. 저녁 열 시 심야 할증이 시작되기 전에 중심지로 가야 했다. 발목을 잡혔다는 짜증이 솟구치면서 반사적으로 튀어 나온 욕이었다. 욕은 중심지에 도착할 때까지 콜 끄는 걸 잊은 나에게도 향해 있었다.

마음에서야 얼마든지 했었지만 어지간해서 입으로

뱉을 일 없던 욕이었다. 그러던 것이 택시를 하면서 자주 하는 혼잣말이 되고 있었다. 그 사람이 내게 욕 먹을 하등의 이유는 없었다. 자신이 서 있는 곳에서 택시를 부른 게 죄라면 죄였다.

그와 나는 같은 택시를 탔지만 서로의 욕망은 종류가 달랐다. 그는 집에 가야 했고 나는 돈을 벌어야 했다. 내 욕에 적의는 없었다. 순간의 노기는 곧 휘발됐다. 그는 창 밖을 응시했고 나는 전방을 주시했다.

언젠가는 2.8킬로미터를 달려 도착한 출발지에서 탄 손님의 목적지가 650미터 코앞이었다. 이때도 나는 튀어나오는 욕설을 간신히 참아냈다. 물론 나를 부른 그 손님에게 의식적인 가해 의도는 없었다. 그는 비 오는 날 바지가 젖어가며 걸어가기 귀찮았을 뿐이다.

운수(運數)업

택시 운전을 하면서 소소한 사안에 민감하게 반응하는 나를 발견했다. 게다가 욕이라니. 누구 눈치도 볼 일 없이 혼자 일하는 사람에게 일어날 수 있는 현상인가 싶었다. 습관이 되기 전에 멈춰야 했다.

방법이랄 게 따로 없었다. 택시는 운수(運數)업이라는 '조어'가 있다. 택시 기사들 사이에 자주 사용되는 단어다. 이때 운수는 여객이나 화물을 이동시키는 직업의 의미가 아니라 자신의 의지나 노력과는 상관없이 우연히 발생하는 (손님)운에 좌우되는 직업의 특성을 말한다.

매일 같은 운전을 하지만 다니는 길도 태우는 사람도 다르다 보니 기사들 사이에서 저절로 공감되는 말이다. 그런 우연에 일희일비하지 않아야겠다고 마음을 다잡는 게 방법이라면 방법이었다. 그러거나 말거나 내게 닥치게 될 우연은 닥치게 되어 있고 이는 내 의지나 노력과는 무관한 일이다.

택시업이 지닌 속성이다. 내 의지가 반영된 건 일을 시작하고 끝내는 두 시점밖에 없다. 시작했다면 끝낼 때까지 내가 결정할 수 있는 건 별로 없다. 손님도, 출발지도, 목적지도 내 선택이나 결정이 아니다. 내가 어찌할 수 없는 일이라면 감정을 쏟지 말고 무덤덤하게 받아들이자 마음 먹었다. 그러기를 며칠, 욕은 멈췄다. 세상사 마음 먹기 달렸다는 말, 이런 경우다.

사람은 변화하는 환경에 적응한다. 생존을 위한 본능이다. 택시는 택시만의 환경이 있다. 택시 고유의 직업 환경이 있고 택시를 둘러싼 사회 환경이 있다. 택시 운전사는 그 환경에 각자의 방식으로 적응한다. 욕설에 얽힌 경험이 내겐 직업 환경에 적응하는 방식이었다.

택시를 하기 전에 가장 저어했던 점이 '택시' 하면 절로 떠오르는 부정적인 단어들이다. 현실에서 시민들은 승차거부와 난폭운전 그리고 불친절과 불필요한 대화(2022년 택시서비스 시민만족도 조사, 서울연구원)를 순위로 올렸지만 나에게는 냄새와 말이었다.

냄새와 말

낡은 택시 문을 열었을 때 훅 하고 끼쳐오는 특유의 냄새가 있다. 차 안 어디선가 녹이 슬어가고 거기 배인 담뱃진 냄새가 스멀스멀 밑에서부터 연기처럼 몸을 감싸는 느낌이다. 당장은 불쾌함이 앞서지만 임금으로 보상받지 못하고 하찮고 업신여기는 사회적 시선까지 받아 내는 고단한 노동의 은유인가 싶어 괜히 울적해지곤 했다.

거기에 예고 없이 불쑥 내뱉는 무례한 질문을 받았을 때의 난감함도 있었다. 혼자만의 생각에 빠지거나 뭔가를 읽으면서 조용히 가고 싶은데 그걸 방해 받았던 기억은 오래 남았다. 모든 택시가 그러진 않았을 텐데 일부 택시에서의 강렬했던 부정적인 경험이 전체를 수렴한다.

부정적인 경험들이 사회적 평판으로 자리 잡으면 사람들은 택시를 탈 때마다 방어기제를 먼저 작동하고 사소한 사안에도 민감하고 신경질적인 반응을 보인다. 때론 너무 친절한 택시 기사의 응대가 오히려 불편하다. 의외성에 대한 반사적 감정이다. 악화가 양화를 구축한다는 말, 택시도 예외는 아니다.

택시 기사가 되기 전, 냄새와 말로 각인된 택시에 대한 주관적 인식은 택시 기사가 된 내게 강박적이다. 사람은 자기 경험의 한계를 벗어나지 못한다. 객관적이라는 말을 나는 믿지 않는다. 인생의 경험으로 객관적이라는 말을 자주 강조하는 사람이 가장 주관적이고 독선적이었다. 어쩔 수 없이 주관적인 나는 더욱 방어적으로 매일 차를 닦고 몸을 씻는다.

내가 씻어내는 건 나에게서 비롯된 것만이 아니다. 밤 사이 택시 안에는 각종 냄새들이 계통없이 뒤섞인다. 청담동 명품거리에서 탄 젊은 여자 손님이 남기고 간 샤넬 향수와 어느 오래된 먹자 골목에서 탄 초로의 남자가 거친 숨과 함께 뿜어 내는 막걸리 냄새는 차 안을 맥락 없는 냄새로 들쑤신다. 나는 그걸 매일 하루도 거르지 않고 씻어내고 또 씻어낸다.

손님을 위해서가 아니라 나를 위해서다. 우리가 '조

국과 민족의 무궁한 영광을 위하여' 태어난 존재가 아닌 것처럼 내가 택시를 하는 이유도 손님의 편안하고 안전한 이동을 위해서가 먼저는 아니다. 먹고살기 위해 나는 택시를 직업으로 삼았다. 모든 걸 떠나서 나는 내 택시가 있는 그대로의 상태가 아니라는 걸 견딜 수 없다. 택시는 곧 내 자존이다.

손님을 태우고 운전하는 동안 내가 먼저 손님에게 말을 거는 일은 없다. 평소에도 잔말이 없는 편이지만 택시를 하면서는 더욱 말수가 줄었다. 가끔 말을 주고받는 택시가 익숙한 사람들에게는 적절하게 응대를 하지만 내 말을 앞세우는 법은 없다. 그런 사람들의 목적은 우정을 쌓자는 게 아니다. 단지 시간의 지루함을 견디기 위해서다. 적절한 추임새만 넣어주면 된다.

'간지'나는 수입 SUV

복잡한 서울 길을 운전하다 보면 과속 난폭운전하는 택시들이 있다. 최장 시간 노동에 최저임금에도 못 미치는 열악한 노동환경에서 비롯된 오래 묵은 악습이다. 그런 걸 감안해도 고쳐야 한다. 택시를 해 보니 서울에서 과속 난폭운전을 해서 벌 수 있는 액수는 난폭운전을 하지 않을 때와 큰 차이가 없다. 위험만 가중될

뿐 어떻게 해도 고임금에는 도달하지 못한다.

택시 운전사 입장에서 같은 길을 운전하다 보면 과속 난폭 운전차 중에는 일반자가용도 많다는 걸 발견한다. 그중에서도 유독 '간지'나는 수입 SUV가 많다. 나만의 확증편향이다.

관찰력이 있는 사람이라면 그 차 뒤에 붙은 스티커도 발견하게 된다. 'Baby on board'. 미국 아기용품 회사의 마케팅용 광고로 사용되기 시작했다는 이 스티커가 우리나라 젊은 세대에서 대유행하는 이유를 알 수 없지만 과속 난폭운전하는 엄마 아빠들이 왜 그러는지를 추론할 수 있는 또 다른 스티커가 있다.

'위급상황시 아이 먼저 구해주세요'. 스스로도 과속 난폭운전을 하는 줄 알고 있고 따라서 사고가 날 확률도 크다는 걸 본인들도 알고 혈액형까지 함께 써서 붙인 스티커인가 싶어 쓴웃음이 나왔다. 저 스티커의 말과 달리 위급상황 시 구조대원들이 가장 먼저 구하는 대상이 위중한 환자부터라는 건 상식적인데다 이미 공공연하게 퍼져 있는 사실이다.

자기 아이는 특히 소중하고 운전하는 습관도 매우 자기 중심적인 사람들이 하필 커다랗고 값비싼 수입 SUV를 좋아하는 사회적 맥락이 뭘까를 깊이 생각해

봤다. 하지만 택시 운전사인 나는 감히 그 결론에는 도달하지 못하고 그저 만나면 조용히 피한다.

도로 위에서의 사소한 자리싸움에서도 경적을 울리며 보복운전 낌새까지 보이는 위협적인 차들도 대체로는 그런 차들이다. 내게 학습된 결과로 나는 그런 차들을 비켜 가고 양보하고 상대하지 않는다. 매일 택시 운전을 하며 마주쳐야 하는 그런 차들 때문에 시간과 감정을 소비할 새가 없다. 특히나 영업용 운전은 비겁해야 오래 안전하다.

나는 꼭 필요한 순간이 아니면 경적을 울리지 않는다. 그런 날이 한 주가 되고 한 달이 될 때도 있다. 경적은 대체로는 이미 사건이 벌어진 후에 울리게 되는 날선 감정의 표현이다. 급박하게 필요한 경우를 제외하고는 쓸데없는 감정 낭비다.

보통사람들의 부끄러움

다리 건너 고속화도로를 타기 위해 끝차선에 길게 줄을 서 있는데 텅 빈 옆차선에서 시원하게 달려온 얌체 같은 차가 냉큼 내 앞에 끼어들려 할 때가 종종 있다. 없는 인내심을 꺼내서 거북이 걸음을 참으며 가고 있는데 억울한 마음에 반사적으로 경적을 울리고 앞

차와의 거리를 바짝 좁혀 양보해 주지 않는다. 그 차는 날쌔게 더 달려가 훨씬 앞에서 끼어들어 유유히 사라진다.

그런데 그 장면을 바라보는 내 마음이 직전의 적개심은 간데없이 무력하고 담담하다. 그 차가 내 앞에 끼어드는 거나 저만치 앞에서 끼어드는 거나 내게 주는 피해는 마찬가지인데 왜 마음이 다를까를 생각해 봤다.

당장 내 앞을 막아서는 당사자에게 직면하는 위험과 저 앞에서 벌어지는 현상을 바라보는 관찰자로서의 입장 차이다. 내가 입은 피해는 같은데 사건이 어디에서 벌어지느냐에 따라 태도와 감정은 간극이 크다. 사람이 이렇게 옹졸하다.

내 앞에 직면하는 위험만 아니라면 상관없다는 태도는 올바르지 않지만 저 앞에서 벌어지는 일에 대해 인간은 어쩔 수 없이 무력하다. 거리가 그렇고 상황도 직관을 벗어났다. 그래도 다수가 피해자라는 건 변하지 않는다. 이 문제는 결국 수준 높은 도덕성이 해결할 수 있다.

맹자가 말했다. "부끄러움을 모르면 사람이 아니며 부끄러움을 아는 것은 옳음의 극치다."

부끄러워서 끼어들 수 없는 마음이 사회 저변에 무

겹게 자리 잡아야 한다. 하지만 우리가 매일 듣고 보는 언론과 방송에 나오는 우리 사회의 수준은 참담하다. 거기 가장 많이 출연하는 이른바 사회지도층 인사들의 말과 행동은 도무지 부끄러움이 없다. 그 모습이 너무 천연덕스러워 그걸 보는 보통 사람들이 오히려 그들을 부끄러워한다. 옳음의 사회는 우리에게 아직 요원하다.

 비가 개고 장마가 그쳤다. 낮과 밤이 따로 없는 폭염이 시작되었다. 사람들은 여름 휴가의 절정을 즐기려 도시를 떠나지만 도로 정체는 변함 없다. 도시는 한가한 시간을 허락하지 않는다. 누군가가 떠난 자리를 누군가가 금방 채운다.

 하찮은 택시 운전사인 나는 오늘도 차를 닦고 몸을 씻고 부끄러움 모르는 도로를 달린다.

룸살롱 다녀온 손님의 말

 자정이 가까운 밤이었다. 강남의 룸살롱 앞에서 택시에 오른 손님은 술에 제법 취해 보였다. 정체 풀린 길은 한산했지만 고질적인 좌회전 정체구간에서 몇 번 신호를 기다렸다. 도착까지 20여 분, 그는 계속 통화 중이었다.

 수백만 원짜리 술을 먹었고, 사업은 그럭저럭이고, 몇 주 후 골프 약속을 상기시키는 동안 차는 목적지에 도착했다. 카드를 내밀면서 요금을 확인한 그가 평소보다 2,000원 정도가 더 나온 것 같다는 푸념을 했다. 앱에서 자동연동된 내비게이션을 따라왔다는 말을 다 하기도 전에 차 문이 '꽝' 하고 닫혔다. 그는 비틀거리며 아파트 출입구를 향했다.

 집에서 함께 밥을 먹던 아내와 아들에게 이 얘기를 했더니 숟가락을 든 채 어처구니없다는 표정을 지었다. 수백만 원 술값도 아깝지 않은 사람이 겨우 택시비 2천 원 때문에 기분이 상했다는 게 이해가 안 된다고 했다.

처음에는 나도 그랬다. 하지만 골똘히 생각해 보니 룸살롱과 택시는 엄연히 질적으로 서로 다른 사회적 비용구조를 가지고 있었다. 사회통념상 룸살롱의 적정비용과 택시의 적정비용이 따로 있고 그 비용의 합리성에 따라 자연스럽게 감정적 반응이 일어난다.

말하자면 같은 돈이라도 룸살롱에서 지불되는 비용의 임계점과 택시에서 지불되는 비용의 임계점이 서로 다르다. 우리는 룸살롱에서는 몇백만 원짜리 술을 당연한 비용으로 생각하지만 평소보다 2,000원을 더 택시비로 지불해야 하는 상황에 닥치면 부당함을 느낀다.

그는 그걸 내게 푸념으로 표현했다. 2,000원이 더 나올 수밖에 없었던 기타 변수에 대한 합리적 평가는 집어치우고, 늦었지만 나는 술에 취한 그가 가졌던 부당함만큼은 이해하기로 했다.

돈은 주인의 생각을 쥐고 흔든다

돈에도 서사가 있다. 같은 돈도 '누가, 언제, 어디

서, 무엇을, 어떻게, 왜'라는 육하원칙에 따라 그 무게와 개념은 천양지차다. 예를 들어 룸살롱에서 가져온 2,000원과 택시에서 가져온 2,000원을 저울 양쪽에 올리면 한쪽은 깃털이 되고 다른 한쪽은 한 덩이 납이 된다.

그리고 어떤 돈은 전혀 다른 개념으로 물화되어 사람의 관계를 왜곡시킨다. 30년 전 지방에서 호텔리어로 일을 할 당시 사회통념상 호텔 팁은 1,000원이었다. 물론 당시 호텔은 서민들과는 거리가 먼 부자들의 전유물이라는 인식이 강했기 때문에 사회통념보다는 부자들 세계의 통념이라는 개념이 진실에 가까웠다.

그때 호텔을 자주 드나들던 사람들은 전문직 직업을 가졌거나, 회사를 가졌거나, 아니면 조폭이거나 하는, 아무튼 어떤 이유로든 충분히 '있는 사람들'이었다. 그런데 그들이 팁을 주는 방식이나 금액에서 개인의 성향뿐만 아니라 돈을 버는 방식 그리고 그가 몸담고 있는 직업세계의 윤리까지도 발견하게 된다.

팁 문화가 익숙지 않은 우리나라에서, 더군다나 부가세 10%가 모든 요금에 붙어 있다는 불온한 고지를 호텔 내 어디서든 쉽게 찾아 읽을 수 있는 상황에서 팁을 받는 경우는 드물었기 때문에 그런 발견이 더 쉬웠을 수 있다.

의사나 변호사 등 전문직들은 매번 통념에서 벗어나지 않는 정중한 방식으로 정확하게 가끔은 정말 얄미울 정도로 1,000원을 넘지 않는 팁을 줬다. 하지만 주로 건설 관련 사장 또는 임원들이나 조폭들이 주는 팁은 방식이나 금액이 사회적 통념과는 거리가 멀었다.

한 번 팁을 줄 때마다 1,000원이 아니라 1만 원짜리를 꺼내던 건설회사 사장이 있었다. 거의 매일이다시피 호텔 커피숍에 들르던 그가 나타나면 직원들은 통 크게 팁을 주는 그를 반기는 게 아니라 서로 눈짓을 하며 짜증을 내고 기피했다. 그럴 만한 이유가 있었다.

그는 근무 중인 호텔 웨이터나 웨이트리스를 부를 때 '야'라고 했고 이름이 ○○○인 직원에게는 '○○아'라며 직접 이름을 불러댔다. 조폭들도 그와 크게 다르지 않았는데, 그러니까 그들은 1만 원이라는, 통념을 벗어난 팁 안에 위계와 서열을 함께 욱여넣고 그 힘을 막말로 행사했던 것이다. 그것도 평소에 그가 월급 주는 자기 직원이나 부하를 대하는 방식과 같았다.

어떻게 아느냐면 가끔 호텔 커피숍으로 그를 알현(?)하러 조심스럽게 나타난 직원을 함부로 대하는 그의 말과 태도를 목격했기 때문이다. 이분은 좀 극단적이긴 했지만 내가 호텔에서 근무한 2년 동안의 경험으로 보아 팁 안에 내재된 직업 세계는 경중은 있되 유사한 문화를 공유하고 있었다.

30년이 흘러 지금은 볼 수 없는 모습이 되었지만 그 속성은 변하지 않았다. 각각의 돈이 지닌 서사의 원천은 그 주인이 벌어들인 방식에 다름 아니다. 나는 그 기준을 노동이라 생각했다. 단지 몸을 쓰는 의미가 아니라 사회적 규범 안에서 타인에게 피해를 주지 않고 자신이 흘린 땀으로 얼마나 정직하고 진실하게 임했는지가 그 돈에 새겨지는 것이라 생각했다.

그렇게 만들어진 돈을 내보내는 방식과 태도 역시 궤를 같이하는 것이다. 쉽게 돈을 벌면 쉽게 돈을 쓰고 어렵게 돈을 벌면 함부로 쓰지 않는다. 가볍게 돈을 벌면 생각이 가벼워지고 무겁게 돈을 벌면 진중하고 깊어진다. 돈은 일상뿐 아니라 그 주인의 생각도 쥐고 흔든다.

돈이 일상을 지배하는 사회에서 사람들은 부자를 염원한다. 부자들이 가진 돈의 서사가 사회를 잠식하고 통념을 지배하고 당대의 상식이 된다. 우리나라의 경제는 신자유주의 안에 포획되어 있고 우리 사회의 부자들은 강남에 산다.

'불로소득'이 상식이 된 사회

신자유주의의 핵심은 금융이고 강남의 신화는 부동산이다. 돈이 돈을 벌고 아파트가 아파트를 낳는다. 진득한 땀 한 방울 없는 불로소득이 사회를 잠식하고 통념을 지배하고 당대의 상식이 된 지 오래다.

아파트로 부를 이룬 강남의 부자들이 가진 돈의 서사는 가볍고 천박하다. 빌거(빌라 거지)와 휴거(휴먼시아 임대아파트에 사는 거지)와 엘사(LH 임대아파트 사는 사람들)라는 말이 어린아이들과 어른들 입에서 함부로 떠들어진다.

그 신조어의 발로가 아파트값 하락을 우려하는 천박한 시민의식이라는 건 모두가 인정하는 사실이다. 아파트값 때문에 가난하지만 성실하게 사는 멀쩡한 사람들을 거지로 만드는 사회가 비정상임은 상식이다. 하지만 시대의 반영인 그 말은 사라지지 않는다. 여전히 당대의 상식으로 유효하다는 방증이다.

게다가 사회적 차별은 더욱 공고해졌다. 불로소득에 대한 도덕적 임계점을 상실한 우리 사회에 닥친 만연한 현실은 포기와 좌절이고 차별과 격차에 대한 무관심이다. 집이 없는 젊은 부부는 아이 낳기를 포기하고 적은 월급은 작은 능력에 대한 적절한 보상이라는 능력주의가 판을 친다.

2023년 2월 19일 KBS 뉴스에 따르면 1980년 500인 이상 사업체 평균임금은 미만인 사업체보다 10% 높은 수준이었다. 80년대 후반이 되면 그 격차는 25%로, 2008년부터는 50%까지 벌어졌다. 노동자 네 명 이하 기업과의 차이는 미국은 1.2배, 일본은 1.5배, 프랑스는 1.6배였고 한국은 3배였다.

같은 기사에서 그렇다면 이 차이는 정당한가에 대한 설명으로는 '노동자 개인의 능력 차이가 아니라 기업체 규모의 차이로 인해 임금 격차가 발생한 거로 보인다는 의미'라고 했다. 2017년 대통령 직속 사회적 대화 기구인 경제사회노동위원회에 제출된 '사업체 규모별 임금 격차 분석' 보고서를 인용했는데 그 근본 원인을 '원·하청 간의 수익성 격차'라고 보았다.

개인의 능력보다 산업의 구조적 문제에서 차별의 맹아가 발아되었다는 결론이다. 성실하지 못해서 가난하다는 말, 일부만 유효하다. 더군다나 월급으로는 가망 없는 집값 때문에 가난이 가난으로 이어지고 부자로 태어난 자가 더 큰 부자가 되는 현실이다.

재작년 개인택시를 시작하고 얼마 안 된 볕 좋은 가

을 한낮이었다. 골프백을 트렁크에 실은 40대 초반쯤 돼 보이는 분이 택시에 올랐다. 고급 빌라촌으로 가는 길에 건물주 할아버지와 전화를 하는데 내용은 사업하는 친구에게 시세보다 조금 싸게 할아버지 건물에 세를 내 달라는 부탁이었다.

그가 강조했던 건 친구가 미국에서 유학했고 사는 곳은 타워팰리스라는 말이었는데, 이는 마치 친구가 '그들'과 같은 부류임을 증명하는 마땅한 근거가 아니겠냐는 식으로 내겐 들렸다. 부럽다는 마음에 앞서 나와는 동떨어진 세계를 사는 사람들의 대화가 이명처럼 들려오는 바람에 현실처럼 느껴지지 않았다.

모든 사람이 부자가 되기를 바란다. 하지만 지금 우리 사회는 돈 많은 할아버지나 부모님이 아니라면 유감스럽지만 가난한 자가 부자가 되기는 글러 먹은 세상이다. 가난한 자는 가난한 자의 운명을 살지만 부자인 자는 더 큰 부자로의 무한한 욕망을 펼칠 수 있는 구조이기 때문이다.

신자유주의는 돈이 돈을 벌고 강남 경제의 중심인 아파트는 아파트를 낳는다. 사회 구조적 문제를 외면한 채 능력주의를 맹신하는 사회는 차별과 격차를 당연시하고 빌거와 휴거와 엘사라는 말이 거부감 없이 회자된다. 구조적 문제를 진지하게 다루는 골치 아픈 주제는 언론에서 맥을 못 추고 그 자리를 대신해 요동치는 아파트 시세와 주택담보대출 금리의 변동성이 헤드라인을 장식하고 클릭 수를 무한대로 끌어올린다.

최근 급격히 오르는 아파트 가격에 대해 정부가 대책을 강구 중이라는 뉴스를 접했다. 이쪽이든 저쪽이든 어느 정부도 자신의 가족들이 모여 사는 강남을 이기지 못했다. 누구든 제 손을 직접 부러뜨리기는 쉽지 않은 일이다. 지금 세상에 가장 많이 유통되는 돈의 서사는 불로소득이다. 안타깝지만 차갑게 마주해야 할 현실이다.

하루 열 시간 노동으로 겨우 먹고살 수 있는 가난한 택시 운전사인 나는 그저 아이들의 꿈이 꺾이지 않는 세상을 소망한다. 나 또한 불로소득에 대한 일말의 욕망도 없다는 거짓말을 하지 않는다. 다만 나로서는 가능성 희박한 일에 투자(투기)하는 어리석은 짓을 하기 싫을 뿐이다.

지금 내게 허락된 생존을 위한 유일한 가능성이 바보처럼 땀 흘리는 노동뿐이라는 사실을 나는 겸허하게 받아들인다. 그렇게 한 달 동안 벌어들인, 저울에 올려진 돈이 비록 깃털처럼 가벼워 보일지라도 내겐 납 한 덩이의 무게감으로 묵직하게 가족을 향해 기울어지기 때문이다.

품위 있어 보이는 노부인의 반전

쥐 세계의 계급 제도

『베르나르 베르베르의 상상력 사전』 42페이지 제목이다. 내용을 요약하면 다음과 같다. 프랑스 낭시대학 행동생물학연구소에서 실험을 했다. 쥐 여섯 마리를 한 우리에 넣었다. 먹이가 든 사료통은 수영장 건너편에 있었다.

먹이를 구하기 위해 모두 헤엄칠 거라는 예상과 달리 실제 헤엄친 쥐는 세 마리였다. 여섯 마리 중에 가장 힘이 센 두 마리는 안락한 우리에 가만히 있다 애서 헤엄쳐 가져온 두 마리 쥐의 먹이를 빼앗아 먹었다. 헤엄친 다른 한 마리의 쥐는 먹이를 뺏지도 빼앗기지도 않고 혼자 먹었다. 헤엄치지 않았던 마지막 한 마리의 쥐는 가장 힘이 약했다. 그 쥐는 다섯 마리 쥐들이 뺏고

뺏기는 싸움을 끝낸 후 남은 부스러기를 주워 먹었다.

책에서는 이들을 착취형, 피착취형, 독립형, 천덕꾸러기형으로 분류했다. 연구자는 스무 개의 우리를 만들어 똑같은 실험을 했다. 결과는 어느 우리에서나 피착취형 두 마리, 착취형 두 마리, 독립형 한 마리와 천덕꾸러기형 한 마리의 계급 현상이 발견되었다. 이를 더 잘 이해하기 위해서 착취형에 속하는 여섯 마리를 따로 모아 한 우리에 넣었다. 쥐들은 밤새도록 싸웠다. 다음 날이 되자 그 역할은 똑같은 방식으로 나뉘어 있었다.

2011년에 출간된 632페이지짜리 벽돌책을 그해 구입해서 한동안 끼고 살았는데, 읽을 당시에도 그랬지만 지금까지도 유일하게 머리에 박힌 내용이다. 감히 쥐 세계와 인간 세계를 한 범주에 넣고 다룰 수 있느냐는 거부감도 있겠지만 지구에 존재하는 생물 분류 체계상 인간과 쥐는 종속과목강문계 중 동물계와 척삭동물문에 포유강까지는 같은 분류 안에 있는 동물이다.

영장목에 함께 이름을 올리는, 인간의 유전자와 98.4%가 동일하다는 침팬지의 세계도 가장 힘센 수컷 대장 밑으로 공동체의 끄트머리 개체까지 일목요연한 서열사회다. 그들은 생존이 걸린 먹이와 서열을 확인하는 털 고르기에 이어 자기 유전자를 퍼트리는 교미에 이르기까지 철저하게 힘을 중심으로 한 서열을 따른다.

우간다 은고고숲의 한 침팬지 공동체를 20여 년 이상 관찰한 다큐멘터리에서는 약한 수컷들끼리 동맹을 맺고 마구잡이로 폭력적인 대장 수컷을 집단의 힘으로 강등시키는 정치수완도 보여준다.

공동체의 이익을 위한 쿠데타인 셈이다. 하물며 침팬지 사회도 어리석거나 폭력적인 지도자를 용납하지 않는다. 그들도 우리처럼 본능적으로 사회에 유익하지 않은 지도자를 하위 개체의 동맹으로 몰아낼 줄 안다. 아무튼 쥐보다 한층 세련된 그들 사회도 서열을 중심으로 한 계급사회다.

인간 사회는 계급사회

인간 사회도 대놓고는 아니지만 본질적으로는 계급사회다. 그럼 너는 공산주의자라고 손가락질해도 어쩔 수 없다. 십수 년 전 공동체 생활을 통해 인간 본성을 깨닫는 '득도'를 한 후 이기적인 인간은 진정한 공산제를 할 자격이 애초에 없다는 결론을 내리고 '꼬뮨'을 버린 나는, 공산주의자는 아니다.

내가 알고 있는 한 우리나라에 살아남은 울타리 공

동체는 둘 중 하나다. 강한 카리스마를 가진 지도자가 있는 공동체 아니면 영성 혹은 종교 공동체다. 이 사실이 함의하는바, 인간이 만든 집단은 인간이 스스로 해결할 수 없는 난제를 만들어 낸다. 해서 그게 신이든 신에 버금가는 사람이든 강력한 지도자가 있어야 집단 내 질서가 유지된다.

카리스마 공동체는 지도자가 죽으면 분열되고 해체된다. 지도자의 영도력으로 잠재되고 드러나지 않았던 구성원들 사이의 각종 이해관계가 화산처럼 분출되어 버리기 때문이다.

영성이나 종교 공동체는 아무리 해도 결코 죽지 않는 혹은 인간에 의해 죽을 수 없는 정령과 신의 중재로 명성만큼은 오래 유지된다. 그러니까 겉모습은 오래 변함이 없는데 안에 사는 사람들은 수시로 자주 바뀐다. 대체로 그 이유는 살아생전 결코 풀지 못할 인간의 영원한 난제 중 하나 즉 관계 때문이다.

예를 들어 어떤 이유로든, 혹은 아무런 이유 없이 사람이 싫어질 때도 있는 게 사람이기 때문에 사람이 미워질 때는 안 보는 게 가장 좋은 상책이다. 하지만 울타리 공동체는 그런 상책이 통하지 않는 구조다. 이게 우스워 보여도 직접 경험해 본 사람들은 안다. 고작 그런 문제로 사람이 어디까지 옹졸해지고 괴로워질 수 있는지를. 무신론자인 나도 이럴 때는 오직 신으로부터 구원의 역사가 임해야 한다는 주장에 고개를 마구 끄덕거린다.

어쨌든 공동생산과 공동분배의 이상사회를 추구하는 인간 공동체도 사실은 다양한 층위의 분업과 질서가 있고 이를 유지하고 관리하는 힘 센, 게다가 무리의 존경까지 받아야 하는 '대장'이 필수적이다.

마르크스의 자본론을 빌리지 않아도 별수 없이 인간 사회는 계급사회다. 누군가는 생산수단을 소유하고 누군가는 그걸로 생산하고 소비한다. 과거의 방직기계가 지금은 노트북과 스마트폰으로 그리고 인공지능(AI)과 로봇과 드론으로 발전하면서 그 모습을 달리하고 있어도 마찬가지다.

그럼 완전한 평등사회는 불가능한가라는 질문에 내 대답은 즉각적이고 적확하다. 불가능하다. 완벽하게 불완전한 인간에게 완전한 사회는 언어도단이다. 다만 완전한 사회를 위한 꾸준한 시도가 인류 문화를 공정하고 평등한 방향으로 발전시키는 촉매로 작용해 온 것은 역사적 사실이다. 그런 시도를 부단하게 해야 하는 이유이기도 하다.

가장으로서 중요한 건 가족의 삶

632페이지 책 중 고작 두 페이지에 적힌 '쥐 세계의 계급 제도'가 내게 꽂혔던 이유가 있다. 13년 전 당시 40대 중반이었던 나는 제주도에 살고 있었다. 직전 4년 동안의 귀농과 20대 시절 꿈꾸었던 이상사회에 대한 다양한 시도가 완벽하게 실패한 뒤 배를 타고 섬으로 온 지 일 년이 지난 때였다.

섬에서 가족들은 평화를 찾았고 나는 건설 목수 일을 시작했다. 당시 내 일상은 노동과 독서와 글쓰기였다. 가족의 평화와 안녕을 유지하는 가장으로서의 시간 속에서도 나는 나의 불투명한 삶의 전망을 계속 고민하고 있었다.

7년을 살다 나왔지만 제주도에서 뼈를 묻겠다는 생각은 처음부터 없었다. 우리는 다시 어디로든 갈 수 있었다. 나는 계속 고민했다. 어디에서 무엇을 하며 어떻게 살 것인가를 고민하던 그때, '쥐 세계의 계급 제도'는 방향 잃은 배가 발견한 등대와 같았다.

물론 인간 사회의 서열과 계급은 단순히 폭력만으로 결정되지 않고 가족, 재산, 학력, 재능 등 매우 복잡하고 다양한 변수들이 작용한다. 하지만 큰 범주로 보면 쥐 세계의 계급 제도와 크게 다르지 않다고 나는 생각했다.

그중에서도 나에게 누구로부터 뺏지도 않고 누구에게 뺏기지도 않는 홀로 자유로운 독립형 인간으로서의 삶은 (사실은 귀농을 위해 서울을 떠난 때부터 살고 있었지만, 그리고 연이은 실패를 거듭하고 있었지만 그럼에도) 내가 마침내 살아야 할 삶이었다.

그전에 내가 홀로 당당하게 살기보다 가장으로서 중요한 건 가족의 삶이었다. 우리는 벌써 육지와 섬을 넘나드는 몇 차례 이주의 역사를 통해 행복은 꼭 어디를 가야 찾아지는 것이 아니라는 것쯤은 알게 되었다. 그곳이 어디든 지금 서 있는 곳이 행복한 삶의 시작이었지만 생활을 위협하는 경제적 빈곤에 빠진다면 모든 게 물거품이 될 거라는 것도 알고 있었다.

꾸준하게 돈을 벌어 가족들을 먹이고 입히고 편안하고 안전하게 재울 수 있어야 했다. 그러면서 독립형 인간으로 살 수 있는 길을 찾았다. 회사원이 아닌 건설 목수를 하게 된 계기였다. 무엇을 하든 부자가 될 자신은 없었지만 성실하게 노동하며 살아도 아이들 키우고 사는 데는 문제가 없었다.

내가 살아온 그런 삶에 그래도 의문을 가지고 있던 당시 중학생이었던 아들은 내 삶의 방식이 그런대로 틀리지 않았다는 걸 대신 말해 주었다.

"아빠. 나는 우리가 부자라고 생각한 적은 없지만 가난하다고 생각한 적도 없어."

품위 있어 보이는 노부인의 반전

그렇다면 나는 무엇을 하든 독립형 인간의 삶을 계속 살아도 되었다. 제주를 떠나 고향에 잠깐 머물렀다가 서울에 정착한 뒤로 개인택시를 해야겠다고 마음먹은 계기는 순전히 늙어서까지 부양해야 할 늦둥이 딸 때문이었다.

이 이유가 아니어도 건강이 허락하는 날까지 노동을 계속하는 것이 건강한 삶이라는 믿음은 오래전부터 가지고 있었다. 그 믿음의 시작은 80대 중반까지 노동을 멈추지 않았던 내 어머니의 건강한 삶으로부터였다.

개인택시는 늙어서도 서울에서 독립형 인간의 삶을 살아가고 싶은 내가 생각해 낼 수 있는 가장 적절한 직업이었다. 읽고 쓰고 노동하는 모든 시간을 스스로 결정할 수 있다는 주체성이 나를 잡아끌었다. 그거면 됐다. 택시에 대한 사회적 편견이나 시선은 자존감 낮고 자존심 센, 말하자면 되게 어리석은 사람들이나 신경

쓰는 겉치레일 뿐이다.

과거에 실패했던 삶의 전철을 밟지 않기 위해 서울에 와서도 나는 낮에 사무실에서 일하고 밤에 운전대를 잡았다. 앞으로 족히 20년은 가족과 내 삶에 중요한 살림꾼이 되어야 할 택시가 내게 맞는 직업인지 직접 알아가는 시간을 가져야 했다. 인간의 사유가 아무리 출중해도 몸을 따라가지 못한다는 걸 그동안의 실패를 통해 깨달았기 때문이다.

그때 만난 손님 중에 강남의 고급 요릿집 앞에서 태운 일가족이 있었다. 한눈에도 품위 있어 보이는 노부인과 아들과 며느리였다. 덕분에 운전도 교양 있게 얌전해질 정도였다. 자녀들도 모두 전문직이거나 썩 괜찮은 직장을 가진 것으로 보이는 그들 대화의 주제가 노부인 남편의 승진 문제로 향했다.

운전하고 있는 나를 의식해서인지 구체적인 이름이나 기관 등은 조심하고 있었지만 대화의 맥락으로 보아 이름만 대면 알 만한 곳의 수장 자리였다. 그들은 낙관하고 있는 그 자리가 결정되기까지 해결되어야 할 크고 작은 문제들에 대해 이런저런 정보와 생각들을 주고받고 있었다.

그러다 대화가 가지를 치기 시작하더니 정치 이야기

로 넘어가고 정권으로 비화되면서 한쪽 진영의 지도자 이름까지 거론되더니 갑자기 노부인의 입에서 몹시 세속적이고 상스러우면서 노골적인 욕이 튀어나왔다. 교양 있게 얌전히 운전하던 내가 움찔할 만큼의 반전이었다.

강남 고급 아파트에 살며 고위직 남편에 전문직 자녀와 일등급 손주들까지 남부러울 것 하나 없는 삶을 살아가는, 더 이상 올라갈 데 없는 최상위층 노부인의 입에서 나온 단어라고는 도무지 믿기지 않는 선정적인 욕설이었다. 게다가 당사자가 앞에 있으면 당장 머리라도 쥐어뜯을 것 같은 기세였다.

개인택시를 한 뒤로도 이런 비슷한 경험이 한 번 더 있었는데 그때도 60대 후반의 성공한 사업가였다. 그런 생각이 들었다. 가만히 교양 있게만 살아도 얼마든지 행복할 수 있는, 남부러울 것 하나 없는 이 사람들의 살의에 가까운 적의의 근원은 무엇일까?

인생은 '독고다이'

두 페이지짜리 '쥐 세계의 계급 제도'에서 내가 아직 소개하지 못한 사연이 더 남았다. 그나마 내가 가진 의문에 약간의 실마리가 될 내용이다. 있는 그대로 옮

긴다.

연구자인 드조르는 더 커다란 우리에 2백 마리의 쥐들을 넣어서 실험을 계속했다. 쥐들은 밤새도록 싸움을 벌였다. 이튿날 아침 세 마리의 쥐가 털가죽이 벗겨진 처참한 모습으로 발견되었다. 이 결과는 개체 수가 증가할수록 천덕꾸러기형의 쥐들에 대한 학대가 가혹해진다는 것을 보여준다. 연구자들은 이 실험의 연장선에서 쥐들의 뇌를 해부해보았다. 그들이 확인한 바에 따르면, 가장 스트레스를 많이 받은 쥐는 천덕꾸러기나 피착취형 쥐들이 아니라 바로 착취형 쥐들이었다. 착취자들은 특권적인 지위를 잃고 노역에 종사해야 하는 날이 올까 봐 전전긍긍했던 것이 아닌가 싶다.

비록 가난해도 늙어서는 더욱 단순하게 돈을 벌고 머리는 맑게 쓰자는 내 생각이 그런대로 이치에 맞는 거라는 데는 의심의 여지가 없어졌다. 우리는 물론 쥐와는 차원이 다른 복잡한 세계를 살지만 이거 하나만큼은 서로의 세계를 관통한다. 인생은 '독고다이'다.

손님에게 느낀 모멸감

　인간 사회에서 반사회적 인격장애인 사이코패스와 소시오패스가 차지하는 비율은 지역, 문화, 연구 방법 등에 따라 차이가 있지만 통상 각각 1%와 4% 합쳐서 5% 정도로 추정한다.

　내가 몇 해 전 읽었던 심리학 책에서는 미국 학자들이 백 명 단위의 다양한 모집단을 만들어 심리성격 테스트를 진행했다. 집단의 형태는 교사 백 명, 성당이나 교회 수도원 등의 종교 집단에서 백 명, 회사원이나 학생들만 따로 백 명 심지어 길을 지나는 행인들을 무작위로 모은 백 명 단위의 집단도 포함되어 있었다.

　그 결과 어떤 집단도 예외 없이 반사회적 인격장애 성향을 보인 비율이 백 명 중 4~5명, 즉 5% 내외의 범주 안에 있었다. 종교 집단도 그렇다는 사실은 내겐 다소 충격적인 반전이었다.

학자들은 또한 이기적 성향의 사람과 이타적인 사람을 실험을 통해 비율 분류를 했는데 대략 10% 내외의 사람들이 매우 강한 이타적 성향을 보였고 매우 강한 이기적 성향을 가진 사람들이 20% 정도를 차지하고 있었다. 나머지 사람들은 특별히 이타적이지도 그렇다고 특별히 이기적이지도 않았던 것으로 기억한다.

본질적으로 인간은 이기적 성향이 강하지만 사회적 인간으로 살아가기 위해 지켜야 할 도덕이나 법 혹은 규범 속에 이기성을 자제하면서 이타성과의 균형을 유지한다. 어떤 경우에는 이타적 행동이 결과적으로 본인의 이기적 욕망의 소산인 경우도 있다.

대부분의 사람들이 특별히 이타적이거나 혹은 이기적이지 않았다는 건 많은 사람들이 상황에 따라 이타적이었다가 언제든 이기적 인간으로 혹은 이기적이었다가 이타적 인간으로 돌변할 수 있는 가능성을 암시한다.

사람의 이타성과 이기성은 결국 그 사회의 지배적인 흐름이 무엇인가에 따라 달라질 수 있다. 해서 나는 사회적 존재로서의 인간은 그 사회를 지배하는 도덕과 양심 그리고 주변 환경에 따라 무엇이든 될 수 있는 연약한 존재라는 결론을 내렸다.

5%의 진실

예를 들어 내가 만약 독일 나치당이 합법적 절차로 권력을 잡은 1933년을 살았다면 당시 독일 국민들처럼 아리아 인종에 대한 순수한 열망으로 히틀러에게 표를 던지고 유대인에게는 돌을 던졌을 확률이 높다. 내가 만약 2022년 러시아와의 전쟁 이후를 사는 우크라이나 군인이라면 러시아 변방에서 양을 치다 영문도 모르고 끌려온 스무 살짜리 목동 출신 징집병을 죽이기 위해 자유의 이름으로 총을 쏘고 수류탄을 던졌을 게 틀림없다. 그리고 내가 만약 1997년 IMF 외환위기를 맞은 대한민국에 사는 평범한 중산층 가장이었다면 집 안에 있는 금붙이란 금붙이는 싹 다 쓸어 모아 국채보상운동에 아낌없이 갖다 바친 351만 명 중 한 명일 수도 있다.

위에 기술한 내용을 요약하자면 내가 살아가는 동안 내 생활 반경 안에는 5%의 반사회적 인격장애 성향을 가진 사람들이 언제나 늘 주변을 서성거린다. 뿐만 아니라 10%의 착한 사마리아인과 20% 정도의 내겐 썩 이롭지 않은 강한 이기적 성향을 가진 사람들이 항상 존재한다.

그리고 대부분의 사람들은 늘 좋은 사람이기를 바라지만 상황에 따라 혹은 상대적 관계에 따라 좋은 사람이었다가 나쁜 사람이 되거나 혹은 나쁜 사람이었다가 좋은 사람이 된다. 이만큼 살면서 가장 믿었던 사람에게 뒤통수를 세게 맞기도 하고 언제 어떤 이유로든 삶의 나락으로 떨어지는 와중에 느닷없이 동아줄을 내려준 은인이 나타나기도 했던 원리다.

내가 이 책을 읽으면서 마음을 다잡았던 대목이 앞으로의 삶에서도 반사회적 인격장애를 가진 5%를 아무리 발버둥 쳐도 피할 수 없을 거라는 분명한 현실 인식이었다. 얼른 생각했을 때 피할 수 있는 좋은 방법은 사람이 별로 살지 않는 시골에 들어가 사는 것이지만 나는 그것도 해봤다. 소용 없다. 모수가 줄어도 비율은 유지되고 충격은 배가된다. 아무리 궁벽한 시골이라도 사람 사는 모습은 다 똑같다는 말씀이다.

5%의 진실을 아는 게 중요한 건, 알고 당하는 것과 모르고 당하는 것의 차이다. 당하는 건 똑같아도 그와 같은 인간 구성 원리를 이해하고 있으면 스스로 자초한 일이 아니라 살면서 피할 수 없는 나쁜 일이 드디어 내게 닥쳤다는 냉정한 현실을 인식하게 된다.

이는 사건 이후 마음을 추스르고 피해를 복구하는

데도 매우 효과적이다. '나한테 왜 이런 일이'라는 쓸데없는 고민과 낙담 심지어 자책까지 하는 어리석음을 피할 수 있고 감정소모도 적어지면서 재빨리 일상을 되찾을 수 있다.

그러고도 여유가 생기면 지난 과거를 복기하면서 그때 그 인간이 그런 인간이었구나라며 무릎을 치는 깨달음도 덤으로 얻을 수 있다. 그렇게 책으로 경험으로 알고 있던 5%의 진실은 택시 운전을 한 이후 만나게 된 다종다양한 사람들로 인해 더욱 굳은 확신으로 이어졌다.

택시도 예외 아니다

하루 영업하는 동안 택시 손님은 평균 25명 내외다. 그중에 진심으로 반갑게 먼저 인사를 하는 마음씨 고운 손님이 두세 명은 된다. 대부분의 손님은 우리가 보통 여느 가게에 들어서고 나갈 때와 같이 무례하지도 않고 깍듯하지도 않은 무심한 모습으로 차에 타고 내린다. 그리고 거의 매일 예외 없이 형태와 종류를 달리하는 한두 명의 문제적 손님이 있다.

사이코패스나 소시오패스의 개념과는 사뭇 다를 수 있지만 택시도 문제적 손님의 비율이 5% 내외다. 10%

내외로 상대방을 밝게 배려해주는 이타적 손님이 있고, 20% 내외의 손님은 살짝 긴장감을 들게 하는 날카로움을 비친다.

나머지 손님들은 내가 알아차릴 만한 어떤 내색도 없이 조용하게 이동한다. 하지만 이동 중에 어떤 상황이 발생하면 거기에 맞는 반응을 한다. 대체로는 그 방식을 자기 이익을 기준으로 사회 통념에서 허용하는 선을 넘지 않으려 노력한다.

하지만 5%의 문제적 인간들이 보여주는 방식은 전혀 예상할 수 없고 예상되지 않는데 결과는 항상 예상을 뛰어넘는다는 공통점이 있다.

몇 년 전 일이다. 투잡으로 택시를 시작하고 며칠 지나지 않은 '생초보'였다. 손님을 태울 때마다 초긴장을 할 때였고 손님에게는 그야말로 극존칭의 인사말을 시작으로 내가 할 수 있는 최고 레벨의 예절로 수행하고 있었다.

강남 주택가에서 모녀를 태웠다. 대화를 들어 보니 중학생으로 보이는 딸과 함께 어디 학원에 등록 전 평가시험을 보러 가는 길이었다. 그런데 이미 출발부터가 늦었다. 게다가 도로는 차들로 가득 차 있었다.

택시에 오르자마자 성마른 목소리로 아저씨 최대한

빨리 가주세요, 라는 명령조 말에 그치지 않고 뒤에서 계속 씩씩대는 것이었다. 물론 나는 '생초보'답게 금방 고객의 마음에 빙의되어 최대한 빨리 가려 노력했지만 이미 도로를 가득 메운 차들로 인해 그럴 수가 없었다.

그렇게 답답한 마음으로 애쓰고 있는데 갑자기 뒤에서 버럭 소리를 지르는 것이었다. "아저씨 아니 옆에 차선이 비어 있으면 그리 가야지 왜 이 차선에서 가만히 계시는 거예요!" 얼굴까지 붉어지면서 내는 큰소리였다. 순간 너무 깜짝 놀라고 당황해서 어떤 말도 나오지 않았다.

버럭 어머니와 사과하는 딸

잔뜩 밀려 있는 몇 개의 차선이 앞서거니 뒤서거니 하는 중이라 그녀의 말대로 해도 결국은 곧 나란히 달리게 되어 있는데 그런 설명이 그녀에게는 전혀 의미 없는 상태라는 데 나는 더 절망하고 있었다.

차는 꼼짝 않고 말은 소용없고 뒤에서는 계속 큰소리로 신경질을 부리는데 머리만 하얘지고 있었다. 그러다가 내비게이션 안내가 시내 도로를 우회하는 고속화도로를 가리켜서 차선을 변경하는데 이번에는 완전히 화가 머리끝까지 치민 목소리로 나에게 소리를 질렀다.

"아저씨! 지금 이 시간에 그 도로가 얼마나 막히는데 그쪽으로 가는 거예요!"

나도 내심은 화가 잔뜩 나 있었지만 노련한 대처를 하기에는 내가 아는 상식이나 경험치가 너무 모자랐다. 나는 손님에게는 그저 끝까지 정중해야 한다는 생각으로 말했다. 소리를 지르는 손님에게는 차를 멈추고 운행을 거부할 수 있는 권리가 있다는 걸 그때 나는 알지 못했다.

"손님. 내비게이션 안내가 이러는 데는 이유가 있지 않겠습니까? 여기가 싫으시면 그럼 원하시는 대로 가 드리겠습니다."

"아니 지금 다시 저쪽으로 가면 더 늦잖아요. 그냥 가던 대로 가세요. 하지만 괜히 이쪽으로 와서 더 늦기만 해 봐. 절대 가만 있지 않을 테니까."

계속되는 큰소리에 나도 분노감이 고조되고 있었지만 고통스럽게 앉아 있는 중학생 딸의 표정을 보니 뭐라 항의할 생각이 수그러졌다. 차는 고속화도로에 들어섰고 그녀의 말과는 달리 도로는 크게 막히지 않았다. 차는 술술 달려서 예상보다 일찍 목적지에 도착했다.

차가 막힘없이 도로를 달리는 동안 폭발하던 그녀

의 입이 조용해져 있었는데, 차가 멈추니 한마디 말도 없이 여전히 성난 얼굴로 딸보다 먼저 성큼 내려서는 걸어가 버렸다. 엄마가 폭발하는 동안 난처하고 잔뜩 풀죽은 표정으로 웅크리고만 있던, 생김새는 엄마를 닮지 않았던 중학생 딸은 천천히 차에서 내리는 잠깐 동안 내게 진심을 담은 작은 목소리로 속삭였다.

"아저씨. 죄송해요."

소녀가 내게 준 말은 오는 동안 속에 쌓였던 울분을 일순간 가라앉히는 힘이 있었다. 그래서인지 시간이 많이 흐른 지금도 나는 분노조절이 안 되는 엄마를 둔 그 소녀의 주눅 든 표정과 말투가 더욱 잊히지 않는다.

택시 속 5%의 사람들

나는 이제 개인택시 운전사가 되었다. 몇 년 동안 수만 명의 사람들을 겪었다. 그중에 예외없이 수백 명에 달하는 5%의 사람들이 있었다. 타인과의 공감 능력이 현저히 떨어지는 그들이 안하무인으로 택시 기사를 괴롭히는 방식은 다양했다. 그런 사람들이 술까지 먹었다면 십 점 만점에 십 점짜리 난이도까지 더해진다.

택시를 하기 전이라면 혹은 직접 눈으로 보기 전까지는 믿을 수 없는 일이 택시 안에서 벌어진다. 이렇게 좋은 음악을 혼자 듣지 말고 크게 틀어달라는 커플의 기분 좋은 요구를 흔쾌히 들었주었더니 버젓이 드러누워 쪽 소리가 나게 딥키스를 할 때 그들을 위해 운전하는 나는 모멸감이 든다.

예로 들은 소녀의 엄마처럼 버럭 소리를 지르는 경우도 잊을 만하면 벌어지지만 손님이 가고 난 자리에 흥건하게 소변이 찰랑거린다던지 똥 묻은 휴지가 버려진 경우도 있다. 예고 없이 천연덕스럽게 담배를 피우는 사람도 있고 잘 가고 있는데 왜 이리 더디 가냐고 욕을 퍼붓는 사람도 있다.

깜깜한 밤, 시 경계 허름한 빌라 골목을 조심스레 지나고 있는데 뒷자리에 태운 이제 한 스무 살 먹어 보이는 어린 청년이 눈을 가느다랗게 뜨면서 'X발, 우리 집을 이렇게 돌아서도 가는구나'라고 혼잣말을 할 때면 뒤통수가 서늘해진다.

택시라는 직업이 분명히 일반 다른 직업보다 위험 요소가 많은 건 부인할 수 없다. 손님과의 밀접도가 높고 위험으로부터의 물리적 대응력은 구조적으로 취약한 직업적 특성도 마찬가지다.

그럼에도 택시 손님들이 보여주는 심리성격의 구성 원리는 5%와 20%와 그리고 나머지로 구분되는, 앞서 설명한 실험에서의 모집단 비율을 벗어나지 않는다. 택시가 아니어도, 그러니까 그게 어떤 직업이라도 그 비율 안에서 나는 살아왔고 살아가야 하는 운명이다. 그걸 나는 완전히 이해했고 수긍했으며 받아들였다.

하지만 여전히 나는 5%의 문제적 인간들만큼은 이해하지도 수긍하지도 받아들이지도 못하고 있다. 엄밀히 말하면 존재는 인정하되 행위는 이해하지 못한다. 그런 5% 인간들에 대한 내 생각을 스웨덴 소설가 요나스 요나손의 책 『셈을 할 줄 아는 까막눈이 여자』 제2부의 시작을 알리는 속표지 유일한 문장이 대신 말해주고 있었다.

인간을 알면 알수록, 난 더욱 개들을 사랑하게 된다.

경찰 전화 받은
10대 승객을 태우다

어느 봄이었다. 서울 구로 쪽에서 중학생으로 보이는 10대 두 명이 택시를 탔다. 목적지는 동북쪽 시 경계 지역이었다. 둘은 친구로 보였지만 체격이 큰 아이가 기가 눌린 작은 아이를 동생이나 후배 취급하고 있었다. 붙들어 둘 곳을 찾지 못한 듯 항용 부산스럽던 둘은 폰으로 하는 도박을 오래전부터 하고 있었던 것 같았다. 뒷자리에 나란히 앉아서 나는 알 수 없는 용어들을 써가며 거칠게 대화를 이어 나가고 있었다.

체격이 큰 아이에게 전화가 왔다. 경찰인 것 같았다. 전화기에 대고 아이가 하는 말을 들어 보니 둘은 보육원에서 생활하고 있었고 시설에서 가출 신고를 한 모양이었다. 한두 번이 아닌 듯 아이는 전혀 긴장하거나 두려워하는 기색 없이 태연하게 그리고 가끔 화를 내면서 자기가 하고 싶은 말을 다 했다.

지금 택시 타고 그 동네로 가는 중이고, 약속이 있어서 당장은 들어가지 않을 거고, 저녁에 알아서 들어갈 테니 전화는 그만해도 된다고 고지했다. 다른 친구는 나와 함께 있고 그 친구가 통화하고 싶지 않아 전화를 받지 않았으니, 그렇게 알고 계시면 된다는 말도 덧붙였다.

목적지에 도착하자 아이들은 3만 원 가까운 택시비를 카드로 결제하고 차에서 내렸다. 나는 차를 길가에 댄 채 잠깐 멈춰 섰다. 그 나이 때 보통 아이들과는 동떨어진 일상을 살고 보편적이지 않은 자기들만의 말과 행동이 몸에 밴 두 아이의 잔상이 쉬이 지워지지 않았다.

지키지 못한 약속

1985년 봄, 대학 새내기였다. 마음씨 곱고 예쁘기까지 한 여학생들이 많다는 소문을 듣고 친구와 봉사동아리에 가입했다. 당시 남자들의 이상형은 청순가련형 생머리에 현모양처형 신사임당 상이라면 더 이상 물어볼 것도 없었다.

과연 환영회가 열리는 날 문을 열고 들어선 동아리

방에 오목하게 모여 앉은 여학생들은 하나같이 청순하고 가련한 신사임당들이었다. 친구와 나는 감격했다. 우리는 그녀들에게 깊은 인상을 남길 수 있는, 되게 열심인 동아리 회원이 되기로 결심했다.

광주 시민을 학살한 전두환이 대통령이던 시절이었다. 캠퍼스 안에는 사복경찰들이 상주하며 감시했다. 그들의 눈을 피해 학살자 전두환을 고발하는 유인물이 살포되고 불법으로 간주된 집회 및 시위가 매주 벌어지고 있었다.

그런 날 교내 집회를 마친 행렬은 스크럼을 짜고 학교 밖 진출을 시도했고 일군의 전투경찰은 방패로 막아서고 최루탄을 쏘아댔다. 교문 안으로 쫓긴 학생들은 돌과 화염병을 던지며 맞섰고 서너 시간 치열한 공방을 벌인 후 각자의 자리로 돌아가는 일을 되풀이하고 있었다.

12·12 군사쿠데타와 5·18 광주시민학살로 권력을 잡은 군사정권의 폭압이 시민들의 일상을 짓누르고 있던 엄혹하고 암울한 시절이었다. 그때 대한민국은 동토의 땅이었다. 그나마 살아 꿈틀거리며 죽은 민주주의의 부활을 위한 항전을 주저하지 않았던 곳이 대학이었다. 아직 세상에 오염되지 않은 이십 대의 순수가

생동하던 시절이었다.

전두환의 군인들 총칼에 죽어 간 광주 시민들의 훼손된 시신 사진을 대자보에서 처음 본 순간 스무 살의 나는 그 참혹함에 눈물이 비어져 나왔고 가슴에는 불이 일었다. 눈물을 훔치고 가슴에 난 불을 끄기 위해 나는 집회가 있는 어디든 혼자 찾아다니면서 돌을 던지고 화염병에 불을 붙였다.

그러던 어느 날 동아리에서 봉사활동을 한다는 공지를 뒤늦게 발견하고 대절한 버스에 올라선 후에야 나는 도착지가 보육원이라는 사실을 알았다. 동아리 회원과 보육원 아이가 일대일 결연을 맺고 정기적인 만남을 갖는 일종의 멘토링 프로그램이었다.

그날 나와 인연이 된 아이는 6~7살의 여자아이였는데 선천적으로 눈이 보이지 않는 시각장애인이었다. 부모 없고 눈도 보이지 않는 어린 소녀를 생각했을 때 떠오를법한 불행의 표상은 간데없이 아이가 명랑했다. 나는 오히려 그게 더 안쓰러웠다.

그날 종일 아이와 시간을 보냈는데 아이는 익숙한 듯 처음 보는 나를 전혀 낯설어하지 않아 오히려 내가 당황할 정도였다. 조금 시간이 무르익자 아이는 내 얼굴을 만져봐도 되냐고 묻고는 얼굴 구석구석을 손으로 탐색했다. 아이의 주도하에 우리는 금세 가까워졌다.

스무 살의 나는 부모도 없는데 눈까지 안 보이는, 중첩된 불행을 안고 살아야 하는 아이의 삶에 연민을 느꼈다. 처음 보는 낯선 사람에게 낯가림을 하지 않고 사랑을 갈구하는 아이의 적극적인 행동도 안타까웠다. 부모의 전적인 보살핌을 받는 아이라면 할 수 없는 행동이었다. 나는 아이에게 좋은 사람이 되고 싶었다.

그렇게 하루를 보내고 헤어져야 할 시간이 되자 아이는 진심으로 헤어지기 싫은 표정을 짓더니 내게 다음 달에도 꼭 와 달라는 표정으로 올 거냐고 물었다. 나는 진심을 담아 꼭 올 거라고 손가락을 걸고 약속했다.

며칠 뒤, 혼자 집회가 있는 곳이면 어디든 찾아다니던 나를 유심히 지켜보던 선배가 강의실로 찾아왔다. 그는 자신이 몸담고 있는 운동권 조직을 소개했고 가입하면 어떤 불이익이 예상되는지를 (예를 들어 가입했다는 사실만으로도 경찰에 붙잡히고 고문당할 수 있다는 것까지 충분히 고려하라고) 설명한 후 곧 만나서 결론을 말해달라고 했다.

그로부터 일주일 후 나는 비장한 마음으로 운동권 학생이 되었다. 아무 생각 없이 놀고먹는 대학생에서 운동권이 되니 읽어야 할 책 목록이 수두룩해졌고 비밀리에 모여서 해야 할 공부와 토론 일정도 빠듯해졌다. 빈 병을 수집하고, 신나와 휘발유를 사서 배합하고 심지를 넣고 철사로 고정해서 화염병을 만드는 것도 우리 일이었다.

독립운동하는 심정으로 운동권이 된 나는 신사임당이 즐비했던 동아리도 더 이상 관심이 없어졌고 함께 가입하고 감격했던 친구와의 관계도 멀어지고 있었다. 뿐만 아니라 그동안 내 주위를 감싸고 있던 모든 관계와 일상까지도 빠르게 단절되고 있었다.

경찰의 눈을 피해 비밀리에 움직이는 운동권으로 살아가기 시작하면서 내 세계는 온통 거기에 함몰되기 시작했다. 지금껏 내가 살아온 세계는 빠른 속도로 내게서 멀어졌지만 나는 그게 정의로움을 선택한 당연한 운명이라는 생각에 전혀 아쉽거나 안타까운 마음이 들지 않았다. 하지만 보육원 소녀와의 약속만큼은 그럴 수 없었다. 나는 그날을 기다렸다.

하지만 한 달 뒤, 손가락까지 걸었던 소녀와의 약속은 지켜지지 못했다. 동아리 버스가 보육원으로 가는 그 시간 나는 시내 '가투'(가두투쟁, 거리 시위를 칭하는 운동권 용어)를 '오더' 받아 유인물로 가득 채운 배낭을 메고 경찰 검문을 피해 걸어서 시 중심지로 이동하고 있었다.

40년 가까운 세월이 흐른 지금도 미안한 마음으로 회고되는 과거로 남아 있다. 어렸던 소녀도 지금은 40대 후반의 여인으로 어딘가 살아 있겠지만 부디 그녀의 지난 삶이 신산스럽지 않았기를 바라는 마음이다.

소녀에게 나는 당시 보육원을 방문하는 많은 사람들 중에 한 명이었을 테지만 나에게 소녀는 지금도 잊히지 않는 미안한 사람이다. 지켜지지 못한 소녀와의 약속은 그날 내 가슴에 아프게 새겨졌다.

18년 전, 귀농해 살던 집 주방에서 뒤도 돌아보지 않고 도마에 칼질을 하던 그대로 아내가 내게 던진 말 한마디를 주저 없이 덥석 받아 든 것도, 오래전 내가 지키지 못했던 약속에 대한 뒤늦은 해후였는지도.

"여보, 우리 예쁜 딸 하나 입양할까?"

바로 다음 날 나는 가까운 도시로 나가 입양상담소를 찾았다. 그로부터 3개월 후 우린 아내 말대로 태어난 지 27일 된 예쁜 딸아이를 품에 안았다. 낳은 부모가 사라진 딸에게도 엄마와 아빠와 오빠가 한꺼번에 생겼다. 조금은 다른 방식이지만 우린 그날 가족이 되었다.

가정 아닌 시설에서의 삶… 현실은 이렇다

미국 심리학 교수인 셸리 테일러의 『보살핌』이란 책이 있다. 책을 사서 한 번 읽고는 책장에 꽂아 두는 게 보통이지만 잊을 만하면 꺼내 다시 읽게 되는 몇 권 안 되는 책 중에 하나다.

진화생물학자 리처드 도킨스는 『이기적 유전자』에서 인간은 오직 유전자 보존을 위해 존재하는 생물학적 기계에 불과하다고 주장하지만 셸리 테일러는 그것과 함께 다른 사람을 돌보고 보살펴 주는 행위 역시 인간의 본성이라고 주장하며 다양한 사회적 사례를 소개하고 있다.

1990년 루마니아 차우셰스쿠 공산 체제가 몰락하면서 밝혀진 고아원 아이들의 실상은 끔찍했다. 서민 경제가 무너지고 출산 강제정책으로 부모들이 아이를 고아원 앞에 버리는 일이 많아지면서 소수의 고아원 직원들이 수백 명의 아이를 보살펴야 하는 상황이 오래 지속되었다. 아이들은 음식을 배급받는 것 외에 다른 보살핌이나 관심을 받지 못하고 자랐다.

차우셰스쿠 정권이 몰락하면서 굳게 닫혔던 고아원 문이 열리자 비로소 나타난 아이들 모습을 보고 세계가 경악했다. 생의 발달과정에서 부모의 헌신적인 사랑과 보살핌이 결여된 채 집단생활을 하며 성장한 아이들이 몸을 앞뒤로 흔들거나 머리를 벽에 쿵쿵 박거나 하는 이상 징후들을 보인 것이다. 아이들은 굶주리지도 신체적 학대를 당하지도 않았지만 단지 누군가로부터의 애정 어린 보살핌을 받지 못했기 때문이라고 그녀는 썼다.

개인택시를 하기 직전 몇 년 동안 국회의원실에서 보호아동 관련 정책 및 입법 관련 일을 하며 보육원 출신 당사자가 만든 단체를 도왔다. 덕분에 시설에 적을 두거나 자립을 준비하는 청년들을 만나 심층 인터뷰도 하고 그들의 삶을 깊숙이 들여다보면서 우리나라 보육시설의 실정도 어느 정도는 체감할 수 있었다.

그럴수록 가정이 아닌 시설에서의 삶은 그 시설의 훌륭함이나 원장님의 따뜻한 성품과는 별개로 한 사람의 전인적인 발달 과정에 어떤 식으로든 퇴행적인 상처를 남긴다는 사실도 알게 되었다. 보통의 삶을 사는 우리들에게는 부모와 함께 사는 삶이 너무 당연해서 그게 없는 삶은 상상도 이해도 되지 않는다.

마찬가지로 부모와 가족이 결여된 삶을 직접 살아보지 않았다면 그들의 어떤 말과 행동도 함부로 예단하고 평가해선 안 된다. 나는 그래서 택시에서 내린 두 아이가 보인 말과 행동이 속세의 기준으로는 나쁘게 평가받을지라도 아이들이 그렇게 된 데는 양육을 포기한 부모와 함께 부모를 대신해야 할 사회의 책임이 절대적이라는 사실 앞에 겸허해진다.

아이들은 보고 배운 대로 자신을 만들어 나가는 미숙한 존재이기 때문이다. 게다가 시설 안에서 또래들끼리의 집단생활은 관리의 사각지대에서 그들만의 퇴행적인 체계와 질서를 구축하고 확장해 나가는 데 거리낌 없는 환경을 제공한다. 유감스럽지만 내가 만난 시설 아이들은 그 세계 속에서 성장하고 있었다.

아동복지 선진국들이 우리나라의 보육원과 같은 아동양육시설을 없애고 위탁가정 중심의 가정형 보호체계를 구축한 데는 다 그만한 이유가 있는 것이다. 아무리 시설이 훌륭하고 관리자의 교육이 철저해도 집단생활은 인간의 전인적 발달을 방해하는 환경이다.

'보호종료아동 자립실태 및 욕구조사(2020년, 보건사회연구원)'에 따르면 우리나라 보육시설에 한번 들어간 아이의 평균 재원 기간은 10.9년이다. OECD 국가 중 압도적인 장기 양육시설 보유국이 우리나라다. 유소년기 10년은 그 사람만의 고유한 인격을 완성하고 성인기 이후를 가늠하는 가장 중요한 시기다. 그 시기를 온통 시설 안에서 집단생활을 하며 보낸다는 말과 같다.

당사자들에게는 더 참담한 통계가 있다. 과거와 달리 보육원은 고아원이 아니다. 부모 없는 아이들은 소수고, 대부분 아이들은 생물학적인 부모가 엄연히 살아 있다. 다만 그들로부터 직접 양육이 포기되었을 뿐이다. 하지만 부모가 있어도 없는 것과 같은 현실이 통계로 확인된다.

2021년 보건복지부에서 김미애 의원실에 제출한 '아동보호양육시설, 그룹홈 친권자 교섭현황(2016~2020)' 자료를 보면 2020년을 기준으로 235개의 아동양육시설 대상아동 10,225명 중 전화, 서신, 면회 중 어떤 식이든 한 번이라도 부모나 가족과의 교섭이 이루어진 숫자는 43%인 4,397명이었다. 반면, 57%에 해당되는 5,828명의 아이에게는 전화 한 통 없었다. 또한 교섭 형식 중 89%는 전화였고 편지가 2%였는데 실제 얼굴을 대면하는 면접교섭의 경우 9%에 불과했다.

아이들에겐 가정이 필요하다

어떤 피치 못할 사연이 있어 내가 낳은 아이를 보육원에 맡기고 또 어떤 곡절로 아이를 만날 수도 없는 건지 우리는 알 길이 없다. 납득 여부와 관계없이 어떤 사연과 곡절이 있을 테지만 아무런 힘이 없이 그저 받아들여야 할 운명의 당사자는 상실과 체념과 공허로 어린 마음을 채울 뿐이다.

모든 아이들은 가정에서 자라야 한다는 것, 유엔아동권리협약(UN Convention on the Rights of the Child) 제9조에서 명시하고 강조한 원칙이다. 협약 당사국은 이 원칙을 기준으로 아동복지 정책을 수립하고 조직을 편제하고 예산을 지원한다.

우리나라는 이 원칙에 동의하는 협약국이다. 따라서 우리나라 아동보호정책의 중심은 가정형 보호에 있다. 그 방향으로 정책을 수립하고 조직을 편제하고 예산을 지원하므로 그 효과는 통계로 증명되어야 한다.

유엔아동권리협약은 1989년 11월 20일 유엔에서 만장일치로 채택되었다. 우리나라는 1991년 12월 20일에 비준하여 조약당사국이 되었다. 우리나라가 유엔아동권리협약을 비준하고 조약당사국이 된 1991년 이후 보호아동의 보호조치에 대한 보건복지부의 일관된 정책 방향은 가정형 보호에 있었다.

관련 통계는 6년 후인 1997년 시작되었다. 당시 한 해 발생한 보호아동 수는 8,268명이었다. 이 중 입양이나 위탁 등에 의한 가정보호는 44%인 3,367명이었고 시설보호는 이보다 많은 3,928명으로 47%였다.

그로부터 26년이 흐른 2023년, 우리나라에서 한 해 발생한 보호아동은 2,054명이었다. 부모나 가족으로부터 헤어져야 했던 2,054명 중 보호조치가 필요한 아동은 1,746명. 이 중 입양이나 위탁 등에 의한 가정보호는 54%인 945명이었고, 시설보호는 801명으로 46%였다.

통계가 시작된 1997년 47%였던 시설보호율이 26년 후인 2023년 46%라는 건 사실상 국가적 정책으로 표방했던 가정보호 중심의 보호체계가 전혀 진전이 없었다는 방증이다. 지난 26년 동안 일관됐던 수립된 정책과 편제된 조직과 지원된 예산은 무엇을 한 걸까.

2023년 통계에 대한 의미분석 항목에 보건복지부는 올해 '전망 및 향후 정책방향'을 이렇게 썼다. 이는 내가 2018년 보호아동 관련 일을 시작한 이후 계속 보아온 문장이다. 그리고 틀림없이 올해 전망하는 내년도 향후 정책방향에 지금 써진 그대로 다시 쓰일 걸로 예상한다.

　가정위탁 및 국내입양 활성화를 통해 시설보호 위주에서 가정중심의 아동보호정책으로 정책변화를 추진해 나갈 계획임.(가정보호 우선 추진)

　유엔아동권리협약을 비준하고 조약 당사국이 된 1991년 그해 추진을 시작한 가정중심의 아동보호 정책이 33년이 흐른 지금까지도 추진해 나갈 계획이라는 미래진행형으로 명시되어 있다.
　지금 필요한 건 기존 시설 중심의 틀을 깨트릴 수 있는 구체적 실천 방안이지 실속 없이 표방되는 정책적 수사가 아니다. 한 사회의 도덕성은 아이들을 대하는 방식에서 알 수 있다는 독일 루터교 목사이자 신학자인 디트리히 본회퍼의 말을 자꾸 곱씹을 수밖에 없는 안타까운 현실이다.

운전하며 만난 손님의 문신

오래전 이용하던 단골 카센터 사장님 팔에는 하트 그림 아래 '사랑'이라는 글자가 문신으로 새겨져 있었다. 희미해져 가는 푸른색 하트는 좌우가 비대칭으로 비틀어져 있었고 손으로 쓴 글씨는 엉성하고 조악했다. 늘 사람 좋은 웃음을 짓던 사람의 팔에 새겨진 문신은 다소 의외였고 어색한 조합이었다.

그가 차를 손볼 때 옆에서 구경하다 잠깐씩 듣게 되는 말을 종합하면 거칠게 살았던 젊은 시절은 지나가고 아내와 자식을 돌봐야 하는 순박한 가장으로서의 현실을 그는 잘 살아가고 있었다. 문신은 젊음을 주체할 수 없었던 말썽 많은 시기에 '야매'로 새긴 자국이었다.

십여 년 전 건설 목수 일을 할 때 현장에서 말로만 듣던 '차카게살자' 문신을 처음 마주쳤을 때 살아 있는 전설이 앞에 나타난 듯 감격한 마음마저 들었었다. 정작 장본인은 상상했던 것보다 훨씬 작고 늙어 측은함까지 일었는데 이때도 문신은 희미해져 가는 푸른색이었다.

그는 손주들까지 둔 할아버지였지만 아직도 게임장을 오가는 '철없는 노인네'로 살고 있었다. 이유를 묻자 일 끝나면 심심하고 딱히 할 일도 없어서, 라는 대답이 돌아왔다. 일당도 센 어엿한 기공으로 살고 있는 그가 진실로 '차카게' 살기 시작한 때는 언제부터였을지가 궁금했는데 끝내 묻지 못했다.

'문신'과 '타투'

지금껏 살아오면서 내 주변에서 문신은 열손가락으로 셀 수 있는 극소수 사람들 몸에 새겨진 문화였다. 그들은 대체로 가난했고 배우지 않거나 못했으며 불량했던 한때를 힘들게 지나온 사람들이었다. 문신은 그러니까 내게 그런 의미였다.

세월이 흘렀고 세상은 바뀌었다. 그러는 동안 우리 시대 극소수만의 문화였던 문신이 연예인을 필두로 거리에서 흔하게 보는 '타투'가 되었다. 게다가 조악한 필체의 '차카게살자'나 '사랑' 일변도였던 모양도 트라이

벌(특정 부족의 전통문양을 반영한 문신)과 포트레이트(사진을 그대로 옮겨 새기는 문신), 레터링(단어, 문장 등의 글자 문신)에서 이레즈미(몸 전체를 덮는 대형 문신)까지 다양한 종류로 진화하였고 이를 새겨주는 '타투이스트'들의 예술적 영역으로 전문화되었다.

우리 주변의 많은 것들이 그러했듯 문신도 오랜 인류문화의 하나였고 시대에 따라 그 모양과 색과 의미가 다양하게 변주되어 왔다. 우리 역사에서 고려나 조선시대에는 도둑이나 노비의 얼굴에 새기는 낙인과 같은 형벌이었다. 근대에 와서는 교도소에서 범죄자들이 자신을 뽐내기 위한 징역살이의 증거로 감방 안에서 새기는 경우가 유행처럼 번진 적도 있었다. 과거 문신이 조악한 이유다.

그러니까 우리 역사 속에서도 내 개인의 삶에서도 문신에 대해서는 부정적 인식이 오랜 세월 강하게, 그리고 깊이 내면화되어 있다.

그럼에도 집단에 함몰된 몰개성의 시대에서 한 개인의 개성이 불가침의 영역으로 자리 잡는 시대로 변화하면서 문신은 과거의 유산으로 물러나고 그 자리에 타투라는 단어가 자리 잡아 가고 있다. 같은 말인데 문신은 왠지 입에 올려서는 안 될 촌스럽고 불온한 것인

반면 타투는 마치 예술적 표현의 한 장르로 인식되고 있다.

길에서 보게 되는 여성들의 몸에 새겨진 앙증맞은 화살 표시나 작은 손글씨 타투는 불쾌하거나 음흉할 뻔한 시선을 익살맞거나 재치 있는 것으로 바꾸는 힘이 있다. 유럽 프로축구 선수들의 팔과 다리를 가득 메운 타투는 상대 선수를 기선제압하려는 용맹의 상징이다.

택시 운전을 하면서 만나게 되는 '손님의 문신'

반면, 택시 운전을 하면서 차창 밖으로 목격하고 잊을 만하면 손님으로 만나는 문신한 사람들은 여전히 내게 불안과 부정의 대상이다. 특히 한여름에는 오토바이를 탄 배달 청년의 반바지 아래 굵은 다리를 가득 채운 검은색의 문신을 자주 보게 된다.

대개 그런 문신을 한 사람들은 신호 대기 중에 (심지어는 주행 중에도) 한쪽 발은 양반 다리를 하고 담배를 피워 문 채 한 손으로는 스마트폰 터치하느라 바쁘다. 같은 장면을 반복적으로 목격하면서 다리 문신을 한 배달 노동자를 떠올릴 때면 절로 연상되는 특징적인 모습이다. 아무래도 불편하다.

어느 평일 오후였다. 주택가에서 콜이 왔다. 출발지

에 도착했는데 손님이 보이지 않았다. 가끔 차가 도착한 후에 나오는 경우도 있어 으레 곧 나오겠지 하고 기다리는데 기미가 없다. 불길한 예감과 함께 짜증이 밀려왔다. 기사가 직접 예약취소를 할 수 있는 시간 3분을 넘기 직전이었다.

앞쪽에서 건장한 젊은 남자가 전혀 서두르는 기색 없이 느린 걸음으로 걸어오더니 차 문을 열었다. 그의 왼쪽 팔에 새겨진 이레즈미 문신이 섬뜩했다. 상대방에게 위압감을 주려는 의도로 새긴 문신이었다면 내겐 탁월한 효과였다. 직전에 일었던 짜증은 간데없이 사라지고 모종의 두려움 섞인 긴장감이 불쑥 파고들었다.

목적지는 가까운 초등학교였다. 도착할 즈음 그가 약간 명령조의 어투로 학교 앞에서 아이를 태우고 다시 집으로 갈 수 있냐고 물었다. 마음속으로는 그와 금방 헤어지고 싶었지만 입에서는 전혀 다른 말이 나왔다. "그럼요."

학교 앞에 도착해서 아이가 나오기를 기다렸다. 택시 기사 입장에서는 썩 불쾌한 상황이었지만 어쩔 수 없었다. 곧 초등학교 1학년으로 보이는 어린 남자아이가 차에 오르는데 어둡고 무표정한 얼굴이다. 학교가 끝났고 아빠를 만났고 집으로 가는 기분 좋은 길인데

다 잠시도 지루함을 견디지 못하고 조잘대야 할 어린 아이가 한마디 말이 없었다.

침묵을 깬 아빠가 친절함과는 거리가 먼 어투로 학교는 어땠냐고 물었는데 아이는 내가 들을 수 없는 작고 초라한 목소리로 무슨 말인지를 짧게 대답했고 더 이상 말은 이어지지 않았다. 이유는 알 수 없지만 뒷자리에 나란히 앉은 두 부자의 아우라는 무겁고 어두웠다. 문신이 풍기는 이미지가 편견을 주었는지 모르지만 아이의 표정 없는 얼굴이 그날 저녁까지 괜히 우울하게 머릿속을 떠다녔다.

문신한 사람들을 자주 목격하는 곳은 서울 전철역 주변 유흥가다. 영등포에서 유명한 유흥가는 지금은 철거된 고가 옆 골목길에 있는데 어느 날 밤 두 팔이 온통 검은 문신으로 도배된 여성이 한쪽 팔에 형형색색의 문신을 한 남자와 함께 걷고 있는 모습을 비상등을 켜고 느리게 움직이는 택시 안에서 보고 있자니 영화의 한 장면처럼 기이하게 인상적이었다.

택시를 하다 보면 저절로 알게 되는 음성적인 직업에 대한 몇 가지 사실들이 있다. 예를 들어 저녁 늦은 시간 오피스텔에서 오피스텔로 이동하는 여성인데 택시 콜을 불러 주고 요금까지 자동결제를 대신해 준 사람이 따로 있다면 성매매 여성일 수 있다. 서울 논현동이나 역삼동 인근 밀집된 빌라촌에서 저녁에 화려한 복장으로 진한 향수냄새를 풍기는 여성들의 목적지는 보통은 룸살롱이거나 유흥주점이다.

강남 일대 크고 작은 주점들이 즐비한 거리에서 문신을 한 젊은 남자가 클러치백을 들고 있다면 역시나 룸살롱이나 유흥주점 종사자일 확률이 높다. 이 모든 걸 어떻게 아느냐면 가는 도중에 듣게 되는 그들의 통화 내용이나 대화의 맥락이 그걸 말해주기 때문이다.

요즘 젊은 세대들에게 문신 혹은 타투가 주는 문화적 의미를 나는 자세히 알지 못하지만 이십 대 후반 아들의 얘기를 들어보면 자기는 할 생각도 없고 하지도 않겠지만 그렇다고 남들이 하는 것을 평가하고 싶지 않은 그런 느낌이다.

하지만 과거로부터 문신에 대한 우리 세대의 인식은 대체로는 부정적이었고 예술과는 거리가 멀었으며 어쩌면 하류인생의 상흔 같은 거였다. 그런 내가 택시 운전을 하면서 보고 만나는 문신은 타투라는 예술의 경지로 탈바꿈하는 요즘 시대정신과 무관하게 여전히 비관적이고 부정적이다.

하나의 상징적인 사건이 있었다. 서울에서 분당으로

장거리 손님을 내려주고 빈 차로 오려는데 역 근처 유흥가에서 콜이 왔다. 반가운 마음으로 달려갔는데 손님이 보이지 않아 전화를 했다. 그는 마지막 한 잔만 하고 금방 가겠다고 했다. 마지막 한 잔이라는 말이 꺼림칙했지만 3분은 의무적으로 내가 기다려야 할 시간이었다.

하지만 3분이 다 지날 때까지 그는 나타나지 않았다. 마지막으로 전화를 걸었다. 진짜 정말로 곧 끝나니까 조금만 더 기다려달라고 했다. 약간 불량기 섞인 어투가 심상치 않았지만 조금 더 기다려주기로 했다. 5분이 지나고 있는데도 그는 나타나지 않았다.

더 이상 기다릴 수 없었다. 자기를 기다려야 하는 것처럼 말하는 어투에 사실 자존심도 좀 상해 있었다. 서울을 향해 차를 출발시켰다. 10미터쯤 유흥가 골목을 천천히 벗어나 큰길로 나가는 신호등에 서 있었다. 곧 신호가 들어와 좌회전을 하는데 누군가 급하게 뛰어와 주행 중인 차 문을 열려 했다. 택시 차 문 손잡이는 내가 버튼을 눌러야 외부로 노출되는 방식이라 그의 노력은 헛된 것이었다.

위험한 행동이었다. 차가 신호에 맞춰 가속을 하는 상황이었다. 그는 뒤로 멀어져 갔는데 얼핏 보니 조금

전 멀쩡하게 기다리는 택시 옆에서 일행들과 큰 소리로 얘기 중이던 청년이었다. 5분을 넘게 기다리는 택시에게 양해 한마디 없이 태연하게 대화를 하던 그의 양팔을 뒤덮은 검은 문신이 선명했었다.

그걸 기억해 내곤 '후유~'라는 안도의 한숨이 절로 새어 나왔다. 빈 차로 서울로 돌아가야 했지만 허전함이나 아쉬움 따위는 전혀 없었다. 그것을 문신이라 부르든 조금 더 고상하게 타투라고 명명하든 상관없이 몸에 영원히 새겨지는 그것에 대한 부정적 편견이 더욱 굳세어지는 순간이었다.

내 생각이 '편견'임을 인정하게 되는 날이 오길

과거에 문신을 했거나 지금 타투를 하는 사람들의 심리를 나는 알지 못한다. 하지만 그게 무엇이든 문신이 타투가 되었어도 그걸 하는 사람들의 심리적 근원은 큰 차이가 없을 거라는 생각이다. 상징하고 싶은 무엇을 위해 혹은 자기 과시를 위해 아니면 예술 행위의 하나일 수도 있다.

사회의 규범 안에서 타인에게 피해를 주지 않는 한 한 개인의 의사표현이나 어떤 행위는 그 자체로 인정되고 존중받아야 한다는 데 깊이 공감한다. 그런 의미에서 인류의 역사와 함께해 온 문신이라는 행위 역시 하나의 문화로 인정하고 존중되어야 마땅하다.

다만 그런 그들의 문화가 건강하게 사회에 비교적 좋은 영향을 주는 방향이었으면 하는 솔직한 바람이 있다. 비록 문신에 얽힌 개인적 경험은 거의 부정적이고 위압적이며 위험하기까지 했지만 그래도 가끔은 그런 내 편견이 100%는 아니라는 실증적 사례를 경험한 적이 있었다.

어느 늦은 밤 택시를 부른 손님이 이레즈미는 아니지만 양팔에 알 수 없는 복잡한 문양을 문신으로 가득 채운 젊은 청년이었는데 클러치백까지 들고 있었다. 그동안의 관례에 따르면 그는 평범한 직장인은 아니다. 그 모습을 보는 순간 당연한 듯 긴장감이 들었다. 그런 사람들이라면 대체로 말투는 거칠고 행동은 거침없었다. 위험하지는 않지만 기분도 좋지 않은 그런 경우였다. 차가 섰고 택시 문이 열렸다.

"기사님 안녕하세요. 잘 부탁드립니다."

생각지도 못했던 정중한 말투와 부드러운 고음으로 그가 먼저 인사를 건넸다. 예의 바른 언어와 음전한 행동거지가 몸에 밴 사람이라고 느껴졌다. 내가 가지고 있던 문신한 사람에 대한 고정관념에서 한참 벗어난 경우였지만 이런 경험이 자주 반복되면 좋겠다는 생각을 했다.

그럴수록 내가 가진 문신에 대한 관념이 잘못된 편견임을 기분 좋게 인정하는 날이 빨리 다가올 수 있다. 아직은 나는 내 차를 불러세운 사람의 몸에 새겨진 문신인지 타투인지 하는 것의 개수와 넓이만큼 불안과 공포에 비례해서 압도되는 소심한 택시 운전사다.

암병동 손님들의 목적지는

 서대문구 신촌동 연세 세브란스 병원 암병동 앞에서 콜이 왔다. 챙 없는 모자를 눌러쓴 60대 여성이 시장가방을 들고 서 있었다. 모자 아래 머리카락은 보이지 않았다. 목적지는 가까운 주택가였다. 수심 깊은 얼굴에 말없이 조용했던 그녀는 가끔 한숨을 기다랗게 내쉬었다. 차 안에 무거운 정적이 흘렀다.

 집이 가까우니 혼자 통원하며 항암치료 중인 환자인가라는 혼자 생각을 했다. 택시를 시작하고 병원 내 거대하게 따로 있는 암병동의 존재를 처음으로 알게 된 날이었다. 연세대를 지나 광화문 방향으로 가다 보면 왼쪽으로 우뚝 서 있는 암병동의 웅장한 덩치에 밀려 본관이 뒤로 물러선 듯 보인다.

 2023년 전체 사망자 중 24.2%로 사망원인 1위, 통계 작성이 시작된 1983년 이후 사망원인 1위(통계청 기준) 자리를 고수 중인 암이 그 큰 병원에서 어떤 위치에 있는지를 건물 크기가 설명해 주는 것 같아 마음이 스산해졌다.

그로부터 며칠 뒤 강남구 일원동 삼성병원 암병동 앞에서 콜이 왔다. 삼성병원에 암병동이 따로 크게 있다는 사실도 나는 이때 처음 알았다. 수서역에 손님을 내려주고 양재대로를 타고 개포동 방향으로 가는 중이었다.

병원 건물을 끼고 산그늘이 진 좁은 길을 따라 암병동 앞으로 갔다. 70대로 보이는 부부였다. 차 트렁크에 캐리어를 실은 그들의 목적지는 30킬로미터가 넘는 김포공항이었다. 가는 길 내내 부부는 말을 멈추지 않았다. 남편은 폐암이었다. 그들은 병원에서 있었던 일부터 의사가 주지해 준 말과 앞으로의 치료에 대해 걱정 가득한 대화를 이어나갔다.

암으로 아버지를 잃었다

2023년 전체 사망자 중 사망원인 1위가 암이었다면 폐암은 또 전체 암 사망자의 21.9%로 가장 높은 사망률을 기록했다.

40여 년 전 돌아가신 아버지의 사망원인도 암이었

다. 위암이 먼저였고 식도로 전이되어 돌아가시기 몇 달 전부터는 집에서 영양주사로 삶을 연명하셨는데 팔에 더 이상 바늘 꽂을 데를 못 찾을 정도였다.

그때는 1989년부터 시작된 전 국민 대상의 보편적 의료보장제도가 실시되기 훨씬 전이어서 수술을 포함한 모든 병원비와 약값은 개인의 몫이었다. 병원비 때문에 수술과 입원을 포기하는 사람들이 흔했을 정도로 암과 같은 큰 병은 곧 한 집안의 추락이나 몰락을 의미했다.

우리 집도 예외는 아니었다. 지방이지만 언론사 간부까지 지냈던 아버지 덕에 비교적 부유한 축에 들었던 집 안에 냉기가 돌기 시작하고 쌀독에 있던 일반미가 정부미로 바뀌는 데는 시간이 그리 오래 걸리지 않았다.

열네 살 사춘기에 접어 들어 나를 포함한 우주 전체가 혼돈스러웠던 나는 쉬쉬했던 아버지의 암 소식을 수술을 앞두고서야 들었지만 그전부터 뭔가 심상치 않은 일이 일어나고 있다는 걸 감지하고 있었다. 집 안에는 일상에서의 웃음기가 사라진 지 오래였다.

아버지는 긴 수술을 마치고 중환자실에 입원했다. 면회가 허락되고 미음을 먹다가 죽까지 먹을 수 있게 된 어느 날이었다. 학교를 마치고 온 내게 어머니가 집에서 끓인 죽을 냄비째 보자기에 싸서는 식기 전에 어서 병원에 가져가라는 심부름을 시켰다.

보온병도 있었는데 왜 냄비였는지 알 수 없었지만 나는 교복을 입은 채로 병원으로 달려갔다. 당시 아버지가 입원했던 병원은 지금도 그 자리에 서 있는데, 집에서 이십 분은 걸어야 했다. 식기 전에 아버지께 드려야 한다는 생각에 뛰다시피 빠른 걸음으로 병원에 도착했다.

그런데 입원실로 향하는 병원 문이 굳게 잠겨 있었다. 면회시간이 지나 있었다. 후문으로 돌아가도 마찬가지였다. 어렸던 나는 잠깐 어떻게 해야 할지 혼란스러웠다. 느닷없이 휩싸인 혼란스러움에 이성을 잃고 감정이 북받치기 시작했다. 식기 전에 아버지에게 갖다 드려야 하는데라는 절망감이 먼저였다.

이어서 어느 순간 속에서 부글부글 하던 뜨거운 것이 울컥하고 목을 넘었다. 동시에 조금씩 가라앉고 있는 집 안을 무겁게 짓누르던 슬픔이 눈물로 비어져 나오기 시작했다. 굳게 닫힌 병원 후문 앞에는 아무도 없었다. 나는 그 자리에서 서서 울기 시작했다. 나중에는 엉엉 소리까지 내며 울었다.

속이 비워지도록 울고 난 뒤 다시 정문으로 돌아가 당직을 서는 직원에게 식어가는 죽냄비를 건네주고 돌아가던 열네 살의 내가 거기 암병동 앞에 다시 보였다. 아버지는 수술 후 일 년을 더 살다 돌아가셨다. 중학교 2학년이었던 나는 열다섯 살이었다. 암은 어린 나와 우리 가족들에게 가장을 빼앗아간 트라우마로 남았다. 암은 내게 그런 의미였다.

암병동 손님들의 목적지

병원비 때문에 고통받는 암환자는 예전에 비해 줄어들었다. 공적의료보험 체계가 든든하게 뒷받침하고 있고 누구나 하나 정도는 들고 있는 암보험까지 있어 경제적 충격은 크지 않다. 의료 수준이나 치료약도 과거에 비해 크게 나아졌다. 하지만 그래도 여전히 암은 사망원인 1위다.

택시운전을 하면서 잊을 만하면 암병동에서 호출을 받는다. 계절과 관계없이 그 길을 가는 내 마음은 늘 을씨년스럽다. 그런 반복을 하는 동안 나는 두 암병동에서 태운 손님들의 목적지가 대체로는 서울역이나 수서역 또는 김포공항이라는 사실을 발견했다. 그들은 치료를 위해 지방에서 원정 온 환자들이었다.

서울에 있는 7만여 대의 택시들 중 하나인 내가 이럴 정도면 암치료를 위해 지방에서 서울을 오가는 환자들 수가 얼마나 많은지 짐작할 수 있다. 암환자만이 아니었다.

어느 날 서초구에서 택시를 탄 오십 대 남자 손님은 무릎을 고치기 위해 포항에서 서울로 와 수술하고 입원까지 했다가 내려가는 길이었다. 가까운 부산에서도 그 정도 수술은 할 수 있는 거 아니냐는 내 말에 그는 내 몸의 어딘가를 찢는 일은 크고 작고가 아니라 죽고 살고의 차원으로 다가오는 것이라고 대답했다.

그가 인터넷에서 찾아낸 병원은 내가 매일 단골로 들르는 가스충전소에서 큰길 건너 맞은편 가까운 곳에 있었다. 차들이 쏜살같이 내달리는 큰길로 난 정문은 늘 사람 흔적 없이 한가해 보였다. 그러던 어느 날 손님을 내려주러 들어간 후문에는 형광조끼를 입은 주차원들이 붉은빛의 경광등을 흔들며 차와 사람들을 안내하고 있었다.

조용하고 인적 없던 정문과 달리 차와 사람으로 북적이는 후문 풍경이 너무 대조적이어서 놀랐다. 게다가 각종 병원이 즐비한 거리도 아니고 역세권도 아닌 한산한 주택가 앞 큰길가에 얌전하게 서 있는 건물 하나가, 무릎 수술로는 이미 전국적으로 이름을 날리는 병원이었다는 사실이 생경스러웠다.

어느 날은 강남역 인근 병원에서 허리협착증을 고치기 위해 수술과 입원을 하고 퇴원하는 중년 여성을 수서역에 내려주기도 하고 또 어느 날은 지방 대학병원에서 고지 받은 암이 오진은 아닌지 정말 암이 맞다면 어떤 상태인지를 확인하기 위해 서울 큰 병원을 찾아 온 60대 남자를 크다고 소문난 병원에 내려주기도 했다.

큰 병은 서울로 가야 한다는 통설을 익히 들어왔지만 택시를 하면서 직접 체감한다. 암뿐 아니라 크다고 생각되는 질병이나 질환을 고치기 위해 사람들은 서울로 온다. 나 혼자 실어 나르는 지방 환자들이 이럴 정도면 하루에 얼마나 많은 사람들이 버젓이 서 있는 지방 대학병원까지 외면하고 서울로 몰려드는 것일까.

올 상반기 지방에서 서울의 상급종합병원과 종합병원을 찾은 환자는 167만 806명이었다. 이 중 59.3%인 99만 4,401명은 빅5 병원에서 진료받았다. 서울에 있는 상급종합병원은 서울대병원·세브란스병원·서울아산병원·삼성서울병원·서울성모병원등 '빅5' 병원을 포함해 14곳, 종합병

원은 44곳이다. (〈헬스조선〉, 2024.09.09)

서울에 있는 큰 병원을 찾은 지방 환자의 통계가 이 정도라면 위에 소개한 무릎이나 허리 또는 내가 모르는 질병이나 질환을 잘 고치기로 소문난 중소병원들까지 합하면 그 숫자는 훨씬 많아진다는 얘기다.

국민건강보험공단이 발간한 주요수술통계연보에 따르면 2021년 한국인들이 받은 상위 5개 수술의 절반 이상이 서울·경기·인천 등의 병원에서 이뤄졌다. 이 비율도 2015년 50.0%에서 2021년 53.7%로 계속 상승하고 있다. 수도권 병원에 근무하는 의사들이 국민 2명 중 1명의 수술을 하고 있는 것인데, 이들에게 한국인들이 주로 받는 주요 수술 경험이 쌓이니 환자들도 점점 더 많은 임상 경험이 있는 수도권 병원으로 몰리는 '뫼비우스의 띠'같은 현상이 벌어지는 셈이다. (〈시사저널〉, 2023.05.08)

이 기사 말미에는 '습관적으로 환자와 의사의 서울 집중으로 인해 지방의료 인프라조차 붕괴되는 악순환의 고리를 끊어내야 한다'는 전문가의 의견이 달린다. 새삼스럽지 않다. 오래된 문제이고 당연한 의견이다.

정부에서 의도적으로 육성하는 지역거점대학처럼 지역거점병원을 구축해야 한다는 의견도 있다.

'큰 병은 서울로'라는 통념, 언제쯤 깨질까

의사들이 서울로 오고 서울을 떠나지 않으려는 이유는 모든 게 서울에 있기 때문이다. 자녀들이 다녀야 할 1등급 학원이 즐비한 대치동도, 강남에 있는 아파트도, 언제든 뮤지컬 공연이 펼쳐지는 예술의전당도 서울에 있다. 무엇보다 가장 좋은 병원과 가장 많은 환자들이 서울에 있다. 서울은 한국사회 특권층인 의사들이 살기에 가장 적절한 도시다. 의사는 여간해서는 서울을 떠나지 않는다. 그런 의사들을 찾아 환자들은 서울로 온다.

집은 남도 끄트머리에 있고 서울에서 직장을 다니는 20대 딸을 둔 50대 엄마 손님이었다. 되게 외향적이었던 그녀는 택시를 타고 이동하는 30여 분 잠깐의 침묵도 견딜 수 없다는 듯 쉬지 않고 말했다. 유방암에 걸렸는데 볼 것도 없이 바로 딸이 있는 서울로 와서 암을 제일 잘 고친다는 병원을 다니기 시작했다. 항암도 하고 수술도 했다.

비슷한 시기 같은 병에 걸린 친구는 지방 큰 병원에

서 덜컥 수술부터 했는데 몇 년 되지 않아 재발됐다. 자신은 재발 없이 완치되는 중인데 일찍 서울에 왔기 때문에 가능했다고 믿고 있었다. 그렇게 된 이유를 조목조목 내게 설명했는데 글로 옮기기엔 적절치 않다. 비의료인의 확신에 찬 의료적 추론이다. 어쨌든 그녀의 결론은 서울과 지방의 어쩔 수 없는 의료수준 차이였다.

그녀는 그런 자신의 추론을 굳게 신봉했다. 병이 치유되고 있는 자신의 몸이 증거였다. 큰 병은 서울로라는 통념은 우리 사회 저류에 흐르는 큰 물줄기다. 오랜 과거로부터 다져진 밑바닥 정서다. '인서울'을 염원하는 학부모와 학생들의 정서도 이와 같은 맥락이다. 그 옛날 쌀 팔고 소 팔아 대학 등록금 마련하던 시절에도 서울에 있는 일류대학에 합격할 수 있다면 어떤 부모든 집이라도 팔 기세였다. 없는 것 빼고 다 있는 서울로의 향심은 참으로 꺾기 힘든 민심이다.

말은 제주로 보내고 사람은 서울로 보내라는 귀에 익은 이 말은 사람의 본능적인 희구를 간파한다. 중심을 향한 인간의 본능적인 향심이 도시를 만들고 서울을 키웠다. 수학에서 같음을 나타내는 기호는 등호(=)다. 이는 영어로 이퀄(equal)인데 그 의미는 같다, 동등하다, 균등하다 등으로도 쓰인다. 향심과 마찬가지로 평등과 공정도 인간 본성에 내재된 마음이다.

서울과 지방의 의료격차 문제에 대해 정부와 학계 등이 나서서 균형을 맞추기 위한 다양한 정책을 말해 왔다. 의료서비스 접근성 향상과 원격의료 서비스 제공, 이동형 의료 서비스와 지방 의료 인프라 투자, 지역사회 건강 프로그램 활성화와 정기적인 건강검진 등이 되풀이된다. 거기에 지역거점국립대학이나 지역균형 발전을 위한 혁신도시처럼 지역거점병원의 필요성도 제기된다.

관련 전문가도, 심지어 현존하는 모든 자료들을 섭렵해서 순식간에 분류하는 인공지능(AI)도 도출해내는 적절하고 필요하다는 정책이다. 이 정책들이 올바른 것인지 나는 판단할 능력이 없다. 이런 정책들이 과거에 비해 현격하게 벌어진 서울과 지방의 의료적 수준을 당장 같은 수치의 평균값으로 만들기에는 역부족인 현실일 뿐만 아니라 사실 그렇게 되지도 않을 테지만 그럼에도 편차를 줄이기 위한 중단없는 노력은 계속해야 한다. 그래야 조금씩이라도 나아지는 것이다.

공교롭게 나는 삼일 전 서울역에서 태운 손님을 신촌의 암병동에서 내려주었고 바로 어제는 강남 일원동에 있는 암병동에 젊은 여자 손님을 내려주고 왔다. 이제 나에게 어느 쪽이든 암병동으로 가는 길은 너무 익숙해졌지만 거기 산그늘진 좁은 길을 따라 병동 앞으로 갈 때 절로 스산해지는 마음은 도무지 익숙해지지 않는다.

기독교인들이 남몰래 하는 일

"기사님, 혹시 교회 다니세요?"

60대 초반으로 보이는 여성이었다. 택시에 오를 때부터 수고가 많으시다는, 요즘 듣기 힘든 인사말부터가 예사롭지 않았다. 처음 본 택시 기사에게 저 말을 꺼내기까지 몇 분 정도 예열도 필요했는지 내게 이런저런 따뜻한 말을 보탠 후였다.

다닌다고 하면 어디 교회를 언제 어떻게 누구랑 다니고 있는지까지 검증할까 싶어 솔직하게 믿는 사람이 아니라고 말했다. 신심이 정말 깊은 분이었는지 그런 나를 무척 안타까워하면서 내가 하나님을 받아들여야 하는 이유를 정성스럽게 설명하고 설득했다.

"기사님, 교회는 꼭 다니셔야 합니다!"

목적지에 도착하고 차 문을 닫으면서 남긴 그녀의 마지막 당부였다. 미안하게도 그녀의 당부가 당장 지켜질 일은 없겠지만 적어도 한국 교회에 대한 내 생각에는 지난 십여 년 사이 극적인 변화가 있었다. 그건 내가 딸을 입양한 입양가족으로 살아가면서 알게 된 진실 때문이었다.

연재 글을 쓰기 위해 2014년부터 입양 관련 취재와 인터뷰를 시작했다. 그전에 무신론자인 나는 독재 권력에 부역하면서 쌓은, '재벌'의 성장사와 궤를 같이하는 대형교회 중심의 한국 기독교에 매우 비판적인 사람이었다.

기독교가 불편했던 내 생각이 바뀌게 된 이유

산업화가 아닌 민주화 세대인 내 젊은 날의 기독교를 기억하는 가장 상징적인 장면은 1980년 광주학살이 일어나고 석달 뒤인 8월 어느 날, 스물세 명의 개신교 지도자들이 국가보위상임위원장이었던 전두환을 위해 열었던 조찬기도회였다. 당시 녹화 방영되었던 흑백 텔레비전 첫 화면에 국가수반이었던 최규하 대통령을 제치고 이런 제목이 흰 글씨로 선명했다. '전두환 상임위원장을 위한 기도회'.

최루탄 가루가 흩날리는 거리에서 20대를 보낸 우리 세대에게는 살인마 전두환 시대의 서막을 알리는 암울한 신호였다. 거기에 나라를 대표하는 개신교 지도자들이 있었다. 시간이 흐르고 시절은 바뀌고 시대가 변하는 동안 기억은 점차 희미해졌지만 기도회에 대한 잔상은 오래 남았다.

이전부터 내 삶은 교회와는 거리가 멀었다. 30년 권사를 지냈던 어머니의 손에 끌려 청소년기에 3년을 교회에 다녔었다. 하지만 그때도 남들 다 하는 기도는 끝까지 어색했고 출석 일 년이면 받을 수 있다는 세례도 차마 양심에 걸려 손을 들지 못했다. 나중에 죽어 지옥불에 떨어진다 해도 거짓말을 할 수 없다. 도무지 신이라는 존재의 객관적 실체를 믿을 수 없었다.

세상을 만든 하나님을 믿는 사람들에겐 이해할 수 없는 말이겠지만 어쩌면 하나님이 만들었다는 나는 그런 종류의 믿음과는 생리적으로 맞지 않는 사람일 수도 있다. 아무튼 나는 기독교가 불편한 사람이었다.

그런 내가 다시 기독교를 일상으로 마주쳐야 했는데 2014년 입양 관련 취재를 시작한 직후부터였다. 어디를 가든 누구를 만나든 기독교가 있었다. 먼저, 2023년 8월 한국리서치 정기조사 '여론 속의 여론' 기획에 나타난 우리 사회 입양 여론을 살펴볼 필요가 있다.

대강의 요약을 하면 사람들이 생각하는 우리 사회

는 입양자녀와 입양가족에 대해 41%가 부정적이다. 개인은 입양에 대해 44%가 긍정적이라고 말했지만 사회 인식에 대해서는 20%만 긍정적이라고 답했다. 71%는 우리 사회가 입양자녀 살기에 힘든 사회라고 답했고, 연령대가 낮을수록 또 입양에 부정적일수록 '해외입양이 오히려 아이 입장에서 더 좋은 선택지'라고 답했다. 결론적으로 개인은 입양에 비교적 긍정적이지만, 사회는 입양에 확실하게 부정적이다.

1999년 입양가족 자조모임인 '한국입양홍보회'에서 처음 공개입양운동이 시작된 지 24년이 지난 시점의 여론조사라는 점을 감안하면 우리 사회에서 입양이 긍정적 문화로 자리 잡기까지 얼마나 더 오랜 세월이 흘러야 하는지 그저 아득할 뿐이다.

"한 사회의 도덕성은 아이들을 대하는 방식에서 알 수 있다." 반나치운동을 하다가 1945년 4월 독일의 수용소에서 교수형을 당한 독일 루터교 목사이자 신학자인 디트리히 본회퍼의 말이다.

부모 없는 아이들에 대한 공적 보호조치는 세 갈래로 나뉘는데 정책 방향은 가정형 보호의 최우선인 입양이 먼저 고려되고 그다음이 가정위탁 그리고 최후의 수단으로 시설보호를 국가는 명시하고 있다.

이는 우리나라뿐 아니라 세계 모든 국가가 다양한 협약 등으로 공유하고 약속하는 보편적 가치다. 하지만 현장은 행정이나 절차 등에서 여러모로 간단하고 편리한 시설보호를 선호하고, 최후의 수단으로 입양을 보내는 것이 현실이다.

이는 2022년 보건복지부 통계로도 확인이 된다. (부모로부터 양육이 포기된) 보호대상 아동이 2,289명이었는데 이 중 시설로 간 아이들이 82%인 1,881명, 33%인 772명은 가정위탁, (입양 전 위탁을 포함한) 입양은 7.2%인 166명에 그쳤다.

한국보건사회연구원 연구보고서(보호대상아동의 가정보호 활성화 방안 연구, 2023.08)는 다음과 같이 말한다.

양육시설, 그룹홈 및 기타 시설 등에서 보호되는 아동의 규모는 아동 십만 명당 188명 수준으로 나타났는데, 이는 가정위탁에 보호되는 경우보다 1.45배가량 더 높은 수치이다. 이를 UNICEF 데이터베이스에서 취합된 국외의 시설보호율과 비교해 보면, 전 세계적으로 아동 십만 명당 105명이 시설에서 보호되고 있는 것과 비교해 한국은 이를 크게 상회하고 있는 것을 알 수 있다. 이는 북미(77명)

의 2.5배 수준이며, 동아시아·태평양 지역 평균보다도 더 높은 편이다(UNICEF, 2023).

이는 투표권도 없고 그걸 대행해 줄 부모도 없는 아이들을 대하는 우리 사회 공적 체계와 도덕성이 그대로 현실에 투영된 결과다. 게다가 입양 다음으로 선택되어야 할 가정위탁은 기본적으로 아이를 받아 줄 위탁가정이 절대적으로 부족한 현실이다. 사회적 인식이나 인프라 모두 아이들에게는 최악의 상황인 것이다.

입양의 출발은 부모로부터 양육이 포기된 아이들이다. 말도 하지 못하고 혼자서는 아무것도 할 수 없는 이 아이들은 태어남도 부모의 사라짐도 자기 선택이 아니다. 그런데 그렇게 되었다. 기본적인 돌봄조차 안 되면 당장 죽을 위기에 빠진 아이들을 대하는 우리 사회의 도덕성을 '한국리서치'의 여론조사를 통해 들여다보면 부정적이다.

이런 부정적 인식이 팽배한 입양을 그 출발부터 취재하기 시작했다. 부모 없는 아이의 발생부터 보호조치 완결까지의 과정을 한 땀 한 땀 살펴보는데 앞서 기술했듯 공적 체계는 구멍이 숭숭 뚫려 있었고 그 구멍을 민간에서 겨우 안간힘을 써서 막아내고 있었다. 그리고 그들 중 상당수는 이른바 하나님의 자녀들이었다.

'하나님 자녀'들의 본분… 성경에 답이 있었다

한국 내 입양부모 중 기독교인 어머니의 비율은 전체의 92.2%이고 이 중 개신교가 78.9%이며 아버지가 성직자인 경우는 17.7%라고 2009년 1월 29일 〈크리스찬투데이〉는 밝혔다. 근거는 한국입양홍보회의 '입양아동 발달에 관한 종단연구 발표' 논문이었다.

이는 내가 지난해에 입양기관 실무자들에게 직접 들은 내용과 비교적 유사한 수치다. 그들은 현장에서 만나는 입양부모들 중 기독교인이 대략 60% 이상이고 사회적 동기, 그러니까 부모 없는 아이들에 대한 측은지심으로 입양하는 부모들이 10~20% 사이, 그리고 나머지가 천주교를 비롯한 타 종교거나 무교라고 말했다.

우리 사회에 공개입양이라는 화두를 처음 던진 '한국입양홍보회'는 정관 첫머리에 기독교 정신을 공개적으로 명시하고 있다. 이 단체가 아니었으면 혈연중심의 가족주의가 뿌리 깊은 우리 사회가 언제까지 입양을 비밀이라는 말 안에 감추고 숨겨야 할 음습한 것으로 취급하고 있을지 모른다.

시설의 대안인 위탁가정도 비슷한 경우다. 위탁가정은 크게 세 가지로 분류되는데, 조손가정이 대신하는 대리양육이 있고 친인척이 하는 위탁 그리고 비혈연인 일반위탁이 있다. 혈연을 전제로 하는 대리양육이나 친인척을 제외하면 엄격한 의미의 가정위탁은 일반위탁이라 할 수 있는데 이 비율이 겨우 10%에도 미치지 못한다.

아동권리보장원 자료(가정위탁 현황보고서)에 따르면 그런 위탁가정조차 기독교 비율이 종교가 파악된 가정 분포에서 54%로 절반을 넘었다. 궁금했다. 왜 하필 기독교일까? 그래서 다른 자료를 더 찾아 보았다.

2022년 〈세계일보〉 기사 '해외 입양 세계 7위에서 3위 반등'을 보면 2020년 기준 국제입양 수령국 현황 자료(ISS 제공)가 있다. 그러니까 아동을 해외 입양으로 받아들이는 국가를 말한다. 자료에 있는 상위 10개 국가의 종교를 찾아봤다.

국제입양 수령국 현황(국가, 인원, 종교 순) / 종교 비율은 영문 위키백과 참조

1. 미국 1,622명 개신교(34%), 가톨릭(23%)

2. 이탈리아 669명 가톨릭(74%)

3. 캐나다 416명 기독교(53.3%, 이 중 가톨릭은 29.9%)

4. 프랑스 244명 가톨릭(47%)

5. 스페인 195명 가톨릭(52%)

6. 스웨덴 92명 루터교(53.2%)

7. 네덜란드 70명 무교(58%), 가톨릭(17%), 개신교(13%)

8. 벨기에 53명 가톨릭(44%)

9. 노르웨이 41명 루터교(68.68%)

10. 스위스 38명 가톨릭(32.1%), 개신교(20.5%)

가톨릭과 개신교가 절대적이다. 북유럽 일부 국가에서 종교세까지 거두는 루터교는 개신교라 할 수 있고, 가톨릭과 개신교는 하나님과 예수그리스도를 믿는 기독교에 그 뿌리를 두고 있다. 세상에 그 많은 종교들 중에 하필이면 이들이 그러는 이유는 무얼까? 이번에는 이들 종교의 근간인 성경을 찾았다. 그리고 거기에 답이 있었다.

- 신명기 10:18 고아와 과부를 위하여 정의를 행하시며 나그네를 사랑하여 그에게 떡과 옷을 주시나니

- 야보고서 1:27 하나님 아버지 앞에서 정결하고 더러움이 없는 경건은 곧 고아와 과부를 그 환난중에 돌보고 또 자기를 지켜 세속에 물들지 아니하는 그것이니라
- 신명기 26:12 셋째 해 곧 십일조를 드리는 해에 네 모든 소산의 십일조 내기를 마친 후에 그것을 레위인과 객과 고아와 과부에게 주어 네 성읍 안에서 먹고 배부르게 하라
- 시편 146:9 여호와께서 객을 보호하시며 고아와 과부를 붙드시고 악인의 길을 굽게 하시는도다
- 신명기 27:19 객이나 고아나 과부의 송사를 억울하게 하는 자는 저주를 받을 것이라 할 것이요 모든 백성은 아멘 할지니라
- 예레미야 7:6 이방인과 고아와 과부를 압제하지 아니하며 무죄한 자의 피를 이곳에서 흘리지 아니하며 다른 신들 뒤를 따라 화를 자초하지 아니하면
- 스가랴 7:10 (여호와의 말씀이) 과부와 고아와 나그네와 궁핍한 자를 압제하지 말며 서로 해하려고 마음에 도모하지 말라 하였으나

일부만 가져온 구절인데 성경 전반에 걸쳐 고아와 과부에 대한 말씀이 많은 걸 알 수 있다. 2천 년 전이나 지금이나 사회에서 가장 약한 존재는 부모 없는 아이

와 혼자 남은 여자들이다. 그런 아이와 여자를 배려하고 보호하는 일이 하나님 자녀들의 본분임을 성경에서 반복하고 강조하면서 말하고 있었다.

무신론자인 나, 작은 교회들의 부흥을 원한다

그리고 우리와 가까이 이웃하며 살아가는 많은 신도들이 이미 오래전부터 위탁부모로, 입양부모로 또한 미혼모의 후원자로 성경의 말씀을 조용히 실천해 오고 있는 중이었음을 취재를 하면서 목격할 수 있었다. 그들은 내가 가는 곳 어디에나 있었다.

공개입양운동 26년이 되는 올해도 여전히 부모 없는 아이들에게 시설은 가까이에 있고 가정으로 돌아가는 길은 멀고 복잡하다. 그 아이들이 가장 먼저 부딪히는 현실은 사회적 무관심과 부정적 인식이다. 위에 언급한 〈세계일보〉 기사에서 2020년 기준 국제입양 수령국 명단 아래에는 국제입양 송출국 명단이 바로 보인다. 거기 우리나라는 콜롬비아와 우크라이나에 이어 세 번째로 이름을 올렸다.

2020년 그해 우리나라에서는 4,120명의 보호아동이 발생했고 이 중 492명이 입양되었다. 하지만 492명 중 국내 입양은 260명에 그쳤고, 우리 사회가 해외로 비행기를 태워 보낸 아동이 232명이었다.

해외 입양에 대한 여러 가지 말들이 많지만 근본적으로 해외 입양이 가능한 이유는 국내 입양이 안 되기 때문이다. 디트리히 본회퍼의 말에 비유하자면 아직 우리 사회는 겨우 200여 명 아이들도 품지 못하는 수준의 도덕성을 가지고 있다.

대형 교회 중심으로 성장한 한국 개신교에 대해 여전히 의구심과 불편함을 떨치지 못하고 있는 무신론자인 나는 우리 주변 곳곳에 조용하게 서 있는 작은 교회들의 부흥을 원한다. 나에게 없는 하나님이지만 우리나라 대한민국은 여전히 '아이들의 하나님'이 필요한 사회다.

12월 3일 밤, 여의도에서 목격한 놀라운 광경

2024년 12월 3일, 밤 10시 40분경 손님을 태우고 송파에서 위례로 이동하는 중이었다. 신호등에 걸린 잠깐 사이 습관처럼 운전대 왼쪽에 거치한 스마트폰으로 포털 뉴스를 열었다. 화면 상단에 빨간색 속보가 떴다. '윤석열 대통령, 비상계엄 선포'.

전혀 현실감 없는 짧은 문장이 구름처럼 허공에 떠 있는 듯했다. 곧 신호가 바뀌고 차를 움직였다. 분명 현실감은 없었지만 뉴스가 거짓일 리는 없었다. 가슴이 차가워졌다. 우선 손님을 내려줘야 했다. 남은 거리는 짧았지만 도착시간은 하염없이 길게 느껴졌다.

아파트 입구에 손님을 내려주고 차를 길가에 세웠다. 거치대에서 스마트폰을 떼어 뉴스를 다시 확인했다. 믿기지 않았지만 사실이었다. 계엄이 선포되었다.

차가워진 가슴에 두려움이 스며들었다.

옛날 계엄과는 다르리라는 희망

1980년 전두환 신군부가 계엄을 하고 민간인을 학살했던 당시 중학교 2학년이었다. 포고령으로 통제된 방송은 전라도 광주에서 무장한 폭도들이 시가지를 휩쓸고 이를 계엄군이 진압하는 중이라고 거짓 보도했다. 학교에서 집으로 가는 버스 안에서 본 바깥 세계는 착검을 한 군인과 경찰들로 살풍경했다.

저녁 늦게 집으로 온 대학생 형의 옷에서 나는 최루탄 냄새는 매캐했다. 어른들은 말을 아꼈고 우리들은 영문을 몰랐다. 계엄하의 세상은 무서웠고 두려웠으며 어디를 가나 공포심이 팽배했다. 그 중심에 선 전두환이란 이름을 그때 처음 알았다.

44년 전 계엄은 내게 그런 의미였다. 그런데 다시 계엄이라니. 그것도 2024년 서울에서. 비상계엄은 엄연한 사실이었지만 여전히 현실감이 없었다. 일을 팽개치고 양재동 집으로 차를 돌렸다. 중간쯤 가는데 전화가 왔다. 같은 동네 사는 처남이었다.

"매형, 어디예요? 어서 오세요. 도저히 참을 수 없어서 당장 국회 가려고 누나들이랑 준비하고 있어요."

내가 갈 때까지 기다리라 했다. 이웃해 살면서 단짝처럼 지내는 처형과 아내도 분기탱천해 있을 걸 예상은 했지만 계엄이 선포되자마자 곧장 국회로 갈 채비를 할 줄은 생각도 못 했다.

신중할 필요가 있었다. 계엄은 곧 총칼을 든 군인인데 당장 국회 앞에 어떤 위험이 도사리고 있을지 알지 못한 채 가족들을 사지로 내몰 수는 없었다. 내가 아는 상식으로 계엄하의 위험은 곧 생명과도 직결되는 죽고 사는 문제였다.

집 앞에 도착하니 벌써 채비를 다 마치고 처남과 처남댁, 아내와 처형까지 나를 기다리고 있었다. 유튜브에서는 국회 앞 상황이 생중계되고 있었다. 국회의원들이 담을 넘고 야당 지도자는 빨리 국회로 와달라고 호소했다. 시민들이 여의도 국회의사당으로 몰려들고 있었다.

"매형, 군에 있는 아들한테 전화했어요. 절대 시민들을 향해 총을 들지 말라고. 그런 명령이 내려오면 거부하라고 했어요. 부대 행정관한테도 전화했어요. 불법적인 계엄에 내 아들이 개입되지 않았으면 좋겠다고 그런 일이 없도록 해달라고 말했어요."

공중파 방송이 아니어도 휴대폰에서 실시간으로 생

중계되는 국회 앞 숨 가쁜 현장과 군에 간 아들에게 곧장 전화를 걸어 세상과 소통시키는 아버지의 모습에서, 당장 한 치 앞도 오리무중이긴 했지만 왠지 모르게 그 옛날 계엄 때와는 다를 수 있겠다는 희망이 어렴풋하게 비쳤다.

탱크 대신 도로 위를 가득 채운 자동차

빈차등을 끄고 가족들로 가득 찬 택시를 운전해서 여의도 국회의사당으로 향했다. 밤 11시가 넘었다. 정체가 완전히 사라진 올림픽도로를 달려 여의도로 들어가 국회 방향으로 접어들었을 때 우리는 놀라운 광경을 목격했다.

탱크도 장갑차도 아닌 시민들의 자동차가 도로 위에 가득했다. 처음 계엄 소식을 접했을 때의 차가워진 가슴에 온기가 스며들기 시작했다. 혼자 감당할 수 없는 두려움과 공포를 이겨낼 수 있는 연대의 힘이 불러온 광경이었다.

계엄은 마치 안개처럼 뿌려져 우리의 소소한 일상조차 감시하고 짓누르는 불의한 실체라는 걸 시민들은 직감하고 있는 듯했다. 시민들의 차량 행렬이 국회의사당을 향하고 있었다.

정체된 행렬에서 빠져나와 길가에 차를 주차하고 걸어서 국회 앞으로 갔다. 한 손에는 휴대폰을 든 채 유튜브로 생중계되는 국회의사당 현장을 지켜보고 있었다. 도착한 국회 앞에는 이미 많은 시민들이 모여들어 구호를 외치고 있었다. 대단한 열기였다.

계엄이 부른 공포를 사람들은 연대의 외침으로 물리치고 있었다. 불의에 저항하는 시민들의 결기가 뜨거웠다. 국회의원들이 담을 넘어 의사당으로 들어가는 장면이 화면으로 보였다. 본청 앞에서는 시민들과 계엄군이 몸싸움을 하고 본청 안에서는 보좌관들이 바리케이드를 쌓고 계엄군과 대치했다.

누군가의 선창에 국회 앞에 모인 시민들이 따라 외쳤다. '계엄철폐 독재타도'. 1987년 6·10 항쟁 당시 대학 3학년이었다. 시민들과 한데 섞여 밤이 깊도록 거리를 달리며 외쳤던 구호는 '호헌철폐 독재타도'였다. 당시 스물두 살이던 내가 37년이 흘러 60살이 다 됐는데 쌍둥이 같은 구호를 길거리에서 외치고 있다는 사실이 비현실적인 자괴감으로 다가왔다.

다른 점이라면 최루탄이 없고 탱크도, 착검을 한 군인도 없었다. 청바지 청재킷을 입고 방독면을 쓴 채 시민들에게 곤봉을 휘두르던 백골단도 없었다. 집에서 출발할 때도 왠지 모르게 적어도 시민의 광장에서 피가 터지는 야만적인 폭력은 벌어지지 않을 거라는 기대가 있었다.

그게 없었다면 절대로 아내와 처형과 처남댁을 차에 태우지 않았을 것이다. 1987년에는 당연했던 것이 2024년에는 당연하지 않은 것이었다. 불의한 상황은 같았지만 시민사회는 분명 진보하고 진화해 있었다.

이제 와서 하나씩 사실로 드러나고 있는 그들의 치밀했던 쿠데타 준비는 실행 과정에서 좌절되었다. 그들은 예상하지 못했던 국회의원들의 신속한 대응과 더 빠르게 대대적으로 운집해서 계엄군과 맞섰던 시민들에 의해 그리고 그런 시민들을 적으로 무찌를 수 없었던 양심적인 군인들에 의해.

12월 3일 밤 10시 29분 윤석열에 의해 선포되었던 비상계엄은 12월 4일 오전 1시 2분 국회의원 190명이 '계엄 해제 결의안'을 가결시키는 극적인 과정을 거쳐 해제되었다. 이후 군인들이 물러간다는 소식까지 들었지만 그래도 가시지 않는 불안함을 안고 집으로 돌아왔다.

우리들 각자는 평일이면 늘상 해내야 할 각자의 일상과 몫이 있고 또 그것은 평온하게 지켜져야 하는 것이다. 집으로 돌아온 이유도 다음 날 각자 감당해야 할 일들을 위해 잠을 자야 했기 때문이다.

돌아왔지만 나는 잠을 자지 못했다. 계엄이 해제되었지만 시민들에게 총부리를 들이댄 대통령은 시퍼렇게 살아 그 자리를 지키고 있었다. 밤새 새로운 속보들이 분 단위로 이어지고 계엄을 선포했던 대통령이란 자의 광기 어린 욕망의 실체가 속속들이 드러나고 있었다. 불안은 오히려 가중되고 있었다.

일을 해야 했지만 일을 하지 못했다. 겨우 다음 날부터 운전대를 잡았다. 자국민을 향해 총부리를 들이대고 제 권력을 다지기 위해 친위 쿠데타를 일으킨 장본인은 대통령 놀이를 계속하고 있었다.

떳떳하고 당당해 보이는 윤석열, 어째서?

그 주 토요일, 나라의 안위보다 자신의 정치권력이 우선인 국민의힘 의원들에 의해 탄핵이 부결되는 날도 나는 여의도 국회 앞에 모인 백만 시민 중 한 사람으로서 있었다. 그날 나는 많은 인파들 중에 십 대 청소년과 이십 대 젊은이들이 눈에 띄게 많다는 걸 알았고 다양한 응원봉의 존재도 처음 볼 수 있었다.

살아온 시간보다 살아갈 시간이 훨씬 많은 세대들

은 평온하게 잘 짜인 자신들의 세계와 그 안에서 꿈꾸었던 미래까지 부정당하는 현장을 참을 수 없었던 것이다. 37년 전 민중 항쟁의 한가운데 대학생들이 있었던 이유도 같은 것이었다. 계엄이 아니어도 일상에서 야만적인 폭력이 지배했던 지난 시절이었다. 가열찬 운동권 노래, 짱돌과 화염병으로 상징되던 과거의 투쟁문화가 케이팝과 응원봉으로 대체되는 시대의 변화를 목격하는 순간이었다.

포고문을 통해 알려진 윤석열의 쿠데타는 1980년 전두환의 것을 그대로 재현하려 했지만 2024년을 사는 시민과 군인들은 그것을 용납하지 않았다. 이젠 모두 알게 되었다. 그는 자신의 망상 세계를 현실로 착각하고 있었다.

그중 하나가 전문가들이 한결같이 기술적으로 불가능하다고 진단한 선관위 (폐쇄형) 서버를 조작한 부정선거 음모론이다. 계엄 실행 단계에서 대거 병력을 투입해 서버를 조사하려는 의도가 드러났다.

왜 선관위였는지를 의아해했던 사람들은 윤석열이 극우 유튜버들의 돈벌이로 전락한 부정선거 음모론을 철석같이 믿고 있었다는 사실에 경악했고 한편으로는 비웃었다. 이제는 (많은 사람들이 증언하는바 술을 거의 매일 마시고 자주 격분하는) 그가 충분히 그럴 만한 사람이라는 걸 다들 알아챘기 때문이다.

탄핵이 부결된 후 백만 군중들의 귀가 전쟁 틈에 끼어 수 킬로미터를 피난민처럼 처량하게 걷고 콩나물시루 같은 버스를 두 번 갈아탄 후에야 집으로 돌아올 수 있었던 그날, 나는 잘 마시지 못하는 술을 한 병이나 마시고는 잠에 들 수 있었다. 다시 격랑의 한 주가 지나서야 국회는 가까스로 탄핵안을 가결시켰다.

군대를 동원해서 국회를 제압하고, 언론을 장악하고, 말 안 듣는 의사들을 처단하기 위해 대통령 자신이 일으킨 친위 쿠데타는 실패했다. 그래서 사형 아니면 무기징역 또는 무기 금고 외에 다른 형량은 없는 내란수괴죄로 기소되어 수사를 받아야 할 처지다.

하지만 그는 떳떳하고 당당하다. 전문가에게 조롱받는 부정선거 음모론을 아직도 철석같이 믿고 있으며, 부정선거의 증거들이 낱낱이 밝혀지면 자신의 쿠데타가 정당성을 가질 수 있다는 철딱서니 없는 망상에 빠져 있는 듯하다.

윤석열은 관저에 칩거하며 경호처를 방패 삼아 검찰 특별수사본부와 공조수사본부의 출석요구조차 피했다. 그가 믿는 또 하나의 방패는 탄핵안 가결을 염원하던 여의도 집회에 맞서 광화문 광장에서 집회를 했던 아스팔트 극우 단체다.

대한민국은 민주공화국이다

탄핵안 가결 며칠 전 손님 중에 70대로 보이는 노인이 나에게 뜬금없는 질문을 던졌다. "기사님은 이재명이에요 윤석열이에요?" 이럴 때 내 대답은 한결같다. "손님. 차 안에서 그런 얘기는 하고 싶지 않습니다." 조용하던 노인은 답답했는지 혼잣말을 했다. "이재명하고 민주당은 진짜 찢어 죽여야 돼. 부정선거로 당선되고도 저 지X을 하고 있으니…."

딸이 대신 호출해 준 택시를 타고 집으로 가는, 평범해 보이는 노인의 입에서 저런 증오의 단어들이 아무렇지 않게 쏟아지는 현실이 안타까웠다. 내게서 아무런 반응이 없자 노인은 유튜브를 켰다.

탄핵안이 가결된 날, 일을 하고 있었다. 신촌에서 동대문 방향으로 광화문역을 거쳐 종로를 지나는데 양쪽 끝 차선으로 지방에서 올라온 관광버스가 줄지어 서서 시끌벅적했다. 동화면세점 앞으로 가는 인도와 횡단보도에는 태극기와 성조기를 든 허리 굽은 노인들이 더 큰 깃발을 든 노인 뒤로 줄지어 서서 걸어가고 있었다.

이미 일대는 광장 스피커에서 들려오는 욕설 섞인 주장들이 분노에 찬 목소리로 귀를 찢을 듯 울려 퍼지고 있었다. '이재명'과 '부정선거'라는 단어가 빠지지 않았다. 같은 날 오후 5시 대통령 탄핵안은 재석의원 300명 중 찬성 204표, 반대 85표, 기권 3표, 무효 8표로 가결되었다.

탄핵안 가결 후 윤석열은 대국민 담화를 통해 '결코 포기하지 않겠다'는 말을 남겼다. 국민에게는 또 다른 선전포고이자 자신의 지지자들에게 내리는 전투 지시와 다를 게 없었다.

그 말의 후과였다. 윤석열을 지지하는 일부 종교계와 아스팔트 극우세력의 격렬한 저항으로 나라가 들끓었다. 광화문과 헌법재판소가 있는 안국역 일대는 각각의 시위 행렬로 아수라장이 되었다. 또한 헌법재판소의 결정을 예상하며 온갖 궤변과 억측과 근거 없는 소문이 난무했다. 사람들은 윤석열의 퇴진과 귀환을 각자의 희망과 절망으로 상상하며 무기력하고 조마조마한 일상을 견디면서 불면의 밤을 뒤척였다.

2025년 4월 4일 오전 11시 22분, 문형배 헌법재판소장 권한대행은 대통령 윤석열 탄핵 소추안을 재판관 전원일치로 가결한다고 주문을 선고했다. 그 시간부로 대통령 윤석열은 파면되었다. 국회에서 탄핵안이 가결되고 111일 만의 일이었다. 끝내 대한민국은 민주공화국이라는 선포였다.

에필로그

더 이상 은퇴 후의 삶을
걱정하지 않는 이유

 아침 여덟 시 전후로 눈이 떠진다. 딸은 실습 중인 병원으로 출근할 준비를 하고 아내는 그런 딸을 살피면서 나와 아들의 아침 식사를 준비한다.

 아들과 밥을 먹는 사이 아내는 내 도시락을 만든다. 두 개의 보온병에 따뜻한 물과 뜨거운 커피를 담고 과일까지 따로 챙기면 내 하루치 먹을거리다. 아들은 취업 준비하러 졸업한 학교로 가고 나는 주차장으로 내려가 택시를 점검하고 일을 시작한다.

 올해 특성화고 3학년이 되는 딸은 작년부터 학교가 아닌 병원으로 월급 없는 실습을 나가고 있다. 등교가 아닌 출근을 하는 고등학생이지만 곧 대학 진학과 함께 다시 등교를 꿈꾸고 있다. 작년에 대학을 졸업한 아들은 첫 기술직 공무원 2차 시험에서 낙방하고 앞길이 난망한 취업준비생의 삶을 시작했다.

지난해 느닷없이 다니던 병원이 폐업하면서 직장을 잃은 아내는 이참에 아예 전업주부로 살기로 했다. 본인은 재취업 의지가 있긴 하지만 쉰보다 예순이 가까운 나이와 누가 보아도 안쓰러움이 묻어나는 작고 약해 보이는 몸집은 그게 썩 여의치 않다는 걸 한눈으로 보여준다.

2차 베이비붐 세대인 나는 2025년 2월 이후 58세가 지났다. 작년부터 외벌이가 되었고 자식들은 아직 독립하지 못했다. 딸은 주말에 예식장 아르바이트를 하며 고등학생으로는 적지 않은 돈을 벌지만 아내가 주는 용돈은 그것대로 받아 쥔다.

고향에 계시는 어머니는 노령수당과 주택연금을 합해 월 100만 원 정도의 수입이 있어 자식들에게 받던 생활비를 몇 년 전 중단시켰다. 몸도 건강하고 활달하게 생활하고 계신지라 병원비도 들지 않는다. 자식들에게는 돈을 떠나 건강한 일상을 보내는 어머니가 고맙다.

덕분에 나는 부모와 자식을 동시에 부양해야 하는 이중 부담에서 자유롭지만 가성비가 확 떨어진 서울에서의 주거비와 생활비를 해결하는 일은 여전히 부담이고 아마도 끝까지 고통스러울 것 같다는 예상을 한다.

왜냐하면 내가 꾸준하게 서울에서 직장 생활을 한 사람이 아니라 불과 8년 전까지 가족들과 함께 지방과 섬을 전전하며 자유롭게 살다 어떤 피치 못할 일로 다시 서울 생활을 시작했기 때문이다. 지방이라면 집 한 채 사기에 충분할 돈이 서울에서는 전세방도 어렵게 구할 초라한 규모로 작아져 버리는 바람에 졸지에 거지 같은 신세가 되었다. 그런 데다 적어도 몇 년은 실직한 아내와 곧 대학생이 될 딸과 언제 취업할지 모르는 아들까지 가족들에게 필요한 모든 돈을 혼자 다 벌어야 하는 터널에 진입했다.

남편이자 아빠인 나는 전혀 주저함 없이 이 사실을 받아들이고 성큼성큼 내 발로 터널에 들어오긴 했으나 빛이 보이는 끝은 몇 년 뒤에야 보인다는 사실이 가끔은 기가 막힌다.

노동시간에 대한 정직성

이건 아내나 아이들에 대한 원망이 아니다. 터무니없이 비싼 아파트를 향한 욕망으로 인해 생긴, 가난한 자를 잡아먹으면서 제 몸집을 불리는 좀비 같은 세상에서, 가족들과 함께 살아남아야 한다는 강박 때문이다.

아이들이 독립하면 지방으로 내려가 지금보다 훨씬 수월한 삶을 살자 하지만 그렇게 되기까지 견뎌야 할 시간이 아직 몇 년이나 더 남았다. 그래도 그걸 버틸 수 있을 거라며 희망을 걸었던 확실한 실체가 내게 이미 있었다. 개인택시였다.

몇 년 전부터 그러기로 마음먹고 준비했고 시작한 터였다. 가장 결정적인 이유는 가성비는 떨어지지만 노동시간에 대한 정직성 때문이었다. 오래 일하면 수입이 많고 짧게 일하면 수입이 적은 당연한 논리가 그나마 통하는 직업이었다.

짧게 일하고 많이 벌기를 원하면 할 수 없는 직업이었다. 나는 젊은 시절 부가가치 높은 전문직을 부러워했지만 그건 내가 도달할 수 없는 경지였다. 나는 그렇게 머리 좋은 사람이 아니었고 조금 인생을 알았다고 느꼈을 때 편하게 돈을 버는 것과 편하게 사는 것은 별개의 것이라는 생각이 들었다. 말하자면 부가가치 높은 직업이 부가가치 높은 삶을 보장해 주지 않는다는 사실이었다.

해서 내게 주어진 가장 합당한 일은 묵묵히 거짓 없이 노동하고, 그래서 주어지는 돈의 양이 작든 크든 순전히 내 것이면 되었다. 그러나 다른 사람 밑이나 어떤 조직 안에 들어가서 하는 노동은 반드시 부당한 마음을 불러왔다. 그건 그 노동이 부당해서라기보다 자기 생존과 제 이익에 충실하게 설계된 인간의 마음 때문이었다. 일정한 상호계약을 맺고 시작한 일이라도 연약한 인간의 마음은 자기 노동에 관해서는 엄밀한 객관적 평가보다 부풀려진 주관적 평가를 벗어나지 못한다. 이는 갑의 입장에서도 마찬가지다. 갑과 을은 그래서 언젠가는 끊어질 실타래인 것이다.

이는 자신과 타인에 대한 불만을 만들고 신뢰를 의심하는 순서로 이어지고 노동하는 삶 안에 자괴감과 피폐함이 조금씩 누적되게 한다. 때로 불만은 자신을 발전시키고 사회가 역동하고 진보하는 긍정적인 형태로 발현되기도 하지만 이는 어디까지나 그 와중에 소모되는 엄청난 에너지를 스스로 감당할 수 있는 전제에서다.

하지만 나는 이제 그럴 힘이 없었다. 아직 노인까지는 아니지만 나이는 들었고 한창 힘을 떨칠 시기는 분명히 지나갔으며 조금씩 남은 인생의 후반을 준비해야 한다는 생각이 몇 년 전부터 내 머릿속에 가득했다.

그럼에도 아이들은 아직 내 도움이 필요하다. 그동

안 안간힘으로 직장 생활을 버텨냈던 아내에게는 이제 집에서 아이들과 나를 보살피는 것도 충분히 돈을 버는 것과 같다고 말하면서 외벌이를 자처했다. 따라서 내가 벌어야 할 돈은 그동안의 아내 몫까지 보태졌다.

그래도 더 이상 갑과 을의 관계에서 살고 싶진 않았다. 나는 스스로가 갑인 동시에 을인 사람으로 늙어가고 싶었다. 그래서 얻어지는 손해는 내 노동으로 감당하면 될 일이었다. 내가 찾은 그 일이 바로 개인택시였다.

갑이자 을인 택시 운전사

2023년 9월 13일은 얼떨떨함과 동시에 설레고 떨리는 마음으로 빈차등을 켜고 택시 영업을 시작한 날이다. 그전 1년 6개월을 투잡으로 택시 기사를 했고 또 그보다 몇 해 전 제주도에서 5개월가량 법인택시를 몰았지만 회사 택시를 처음 운전했을 때와는 사뭇 느낌이 달랐다.

분명 떨리는 느낌은 같은 종류였지만 이제 내 것으로 내 일을 하게 되었다는 흥분감은 전에는 전혀 맛보지 못했던 감정이었다. 이제 돈을 벌기 위해 내 노동을 팔지 않아도 되었다. 나는 이제 곧 눈앞에 닥칠 노년의 생활비를 벌기 위해 여기저기를 기웃거리지 않아도 되었다. 이제부터 드디어 내가 갑이자 을인 택시 운전사가 되었다.

그로부터 17개월이 지났다. 모든 새로운 일이 그렇듯 그동안 내게 많은 일이 있었다. 직업의 변화는 단순하게 돈을 버는 일이 바뀌었다는 의미만은 아니다. 두 아이의 아버지로 살면서 가족들을 먹이고 따뜻하게 재워야 하는 건 내게 가장 거룩하고 성스러운 의무다.

따라서 이를 위해 하는 일은 그게 무엇이든 거룩하고 성스러운 것이 된다. 이전 내 직업의 역사를 보면, 사무실에서 키보드를 두드리다가 어떤 때는 주저 없이 못 주머니를 차고 망치를 들고 또 어떤 때는 운전대를 잡을 수 있었던 것도 하는 일의 결과가 내 가족들을 먹이고 따뜻하게 재울 수 있었기 때문이다.

하지만 역시 모든 일에는 명암이 있고 장단이 있다. 그동안, 그러니까 지난 17개월 사이의 어느 날 밤, 나는 젊고 건장한데 술까지 취한 사람에게 운전 중 폭행을 당해 파출소도 아닌 경찰서에 가서 고발장을 썼던 적이 있다. 그 전후로 지금까지 112 신고를 모두 네 번 해야 했다.

한 번은 술 취해 잠든, 위아래 모든 옷이 마냥 짧기

만 한 여자를 직접 깨우지 못해서였고, 다른 한 번은 술 취해 깨워도 일어나지 못한 것까지는 같은데 다만 이번에는 잠꼬대로 소리까지 내지르는 몹시 덩치가 큰 젊은 남자를 깨우기 위해서였으며, 또 다른 한 번은 차 안에서 극구 담배를 피우겠다고 우겨대는 술 취한 늙은 남자가 제지되지 않아서였다. 그리고 마지막은 바로 며칠 전 목적지에 도착해 카드를 줄까요 말까요 하며 놀려대는 그러니까 술이 떡이 되기 직전의 젊은 여자와의 말싸움이 지겨워서였다.

물론 신고까지 가지 않았지만 나를 무척 곤란하게 하거나 비겁하게 만들거나 바짝 긴장하게 만드는 손님도 있었고, 어떤 경우에는 내 운전대 주위에 손으로 집을 수 있는 것 중 무기가 될 만한 것이 무엇이 있을까를 고민하게 만든 손님도 여럿 있었다.

내가 꿈꾸던 읽고 쓰고 노동하는 삶

말하자면 택시는 노동도 상노동에 속하지만 상대해야 하는 많은 사람 중에 나를 괴롭히는 사람이 잊을 만하면 반드시 나타나 탑승하는, 어쩌면 위험한 직업이라는 사실을 명징하게 깨닫는 17개월의 시간이었다.

그것만 아니면 참말로 괜찮은 직업이라 할 수 있

다. 하지만 이 세상 어디를 씻고 봐도 몹쓸 점 하나 없는 그런 돈벌이란 존재하지 않기 때문에 모든 걸 다 따져보고 실제 17개월을 경험해 본 결과 개인택시는 쉰여덟 초로의 남자가 남은 인생을 걸 만한 직업이 될 수 있겠다는 결론을 내렸다.

그러니까 그럼에도 만족하게 되었다는 말이다. 그동안 크고 작은 교통사고가 세 건 있었고 그래서 내년부터는 보험료가 500만 원까지 치솟고 3년 할증까지 붙는다 해도 마찬가지다.

그뿐 아니다. 하루 열두 시간 노동을 해야 지금의 가정경제를 지켜낼 수 있는 내 형편에 책을 읽거나 영화를 보거나 보고 싶은 사람을 만나거나 혹은 한가로이 글을 쓰는 건 아직은 엄두도 못 낼 안타까운 상황이라도 마찬가지다. 나는 만족한다. 아내와 아이들을 돈으로부터 지켜낼 수 있다는 사실에.

이런 시간이 쌓이다 보면 아이들은 곧 하나씩 곁을 떠나고 조금씩 늙어가는 아내와 나는 조금씩 더 한가로운 공간과 시간 안에 살게 될 것이다. 물론 내 노동하는 시간도 딱 그만큼씩 줄어들게 된다. 그 시간만큼 나는 책을 읽거나 글을 쓰거나 영화를 보거나 오래 묵은 고향 친구들을 만나러 고속버스를 탈 수도 있다.

지금 그린 이 풍경은 상상에 그치지 않고 손에 잡힐 미래다. 내가 건강한 택시 운전사로 계속 살아가는 한은 그렇다. 택시를 시작한 후로 난 더 이상 은퇴 후의 삶을 걱정하지 않게 되었고, 풍족하지 않지만 가난에 빠지지도 않을 것이라는 확신을 하게 되었다. 무엇보다 나는 내가 꿈꾸던 읽고 쓰고 노동하는 노년의 삶을 살 수 있을 거라는 자신감과 안도감을 동시에 가질 수 있었다. 내가 오늘 돈을 벌어야 한다면 지금 당장 주차장으로 가서 차의 시동을 걸기만 하면 되고, 그 차의 주인이 바로 나라는 사실을 내가 너무 잘 알고 있기 때문이다. 그럼에도 지금 내게 필요한 노동 시간이 하루 열두 시간이라는 갑갑한 현실 또한 내가 잊을 리 없다. 자, 이제 주차장으로 내려갈 시간이다.

거꾸로 가는 택시

초판 1쇄 발행 2025년 5월 15일

지은이 김지영
펴낸이 강수걸
편집 오해은 강나래 이선화 이소영 이혜정 유정의 한수예
디자인 권문경 조은비
펴낸곳 산지니
등록 2005년 2월 7일 제333-3370000251002005000001호
주소 부산시 해운대구 수영강변대로 140 BCC 626호
전화 051-504-7070 | 팩스 051-507-7543
홈페이지 www.sanzinibook.com
전자우편 sanzini@sanzinibook.com
블로그 sanzinibook.tistory.com

ISBN 979-11-6861-467-3 03330

* 책값은 뒤표지에 있습니다.
* 잘못된 책은 구입하신 곳에서 교환해드립니다.